Les marques
à l'épreuve
de la pratique

Éditions d'Organisation
1, rue Thénard
75240 Paris Cedex 05
Connectez-vous sur notre site
www.editions-organisation.com

Du même auteur, chez le même éditeur :
La Sensibilité aux Marques (avec G. Laurent), 1992.
Les Marques, Capital de l'Entreprise, 3e éd (1998).
Ce qui va changer les marques, Remarques 2, 2002.

Du même auteur :
L'Enfant et la Publicité, Dunod, 1985.
Rumeurs, Seuil, 1987, Édition poche, 1995.
Les Chemins de la Persuasion, Dunod, 1990.
La Marque, (avec J.-C. Thoening) McGraw-Hill, 1989.
En anglais :
Rumors : Uses, Image and Functions, Transaction Publishers, USA, 1991.
Strategic Brand Management (2nd Edition), Kogan Page, UK et USA, 1997.
Re-inventing the Brand, Kogan Page UK et USA, 2001.

Jean-Noël Kapferer

Les marques
à l'épreuve
de la pratique

Remarques 1

Deuxième édition

Éditions
d'Organisation

Nos deux ouvrages de la série Remarques n'ont pas été conçus comme le manuel de référence, complet et méthodologique, « *Les Marques, Capital de l'entreprise* », dont la vocation est d'être consulté et re-consulté en fonction des problématiques de marque auxquelles le manager est confronté. Ici au contraire, nous avons voulu deux livres d'aide à la réflexion, à l'anticipation et l'action. Ils se veulent donc alertes, constitués de nombreux chapitres courts, très centrés sur un problème précis, une idée-force, une réflexion-clé. Il s'agit d'une démarche pédagogique par questionnements, illustrations concrètes et réflexions sur le fond.

Le premier volet s'intitule : « *Les marques à l'épreuve de la pratique* ».
Il analyse la logique des marques fortes et détaille les dérives les plus fréquentes et systématiques du management des marques dans les entreprises, le plus souvent à leur corps défendant, prises dans le feu de l'action et la nécessité de la décision rapide. En effet, dans l'entreprise, chacun déclare servir ses marques, les respecter, les renforcer : mais il y a loin de la théorie à la pratique, des dires aux faits. C'est à un inventaire des dérives les plus fréquentes et systématiques que ce premier volet invite, afin de savoir les repérer et donc les éviter.

Le second volet s'intitule « *Ce qui va changer les marques* ».
Il analyse l'impact des nouvelles réalités et tendances lourdes des marchés en France et à l'international, des évolutions des consommateurs, de la distribution, et des technologies sur les principes mêmes du fonctionnement des marques, principes déjà en œuvre chez certaines marques précurseurs et innovantes que nous révélons et étudions en détail. Il anticipe le management des marques de demain.

Sommaire

PARTIE 1

CONSTAT :
faire le point sur la pratique des marques

Savoir ce qu'est une marque, ou l'identité de marque est une chose, en général bien connue selon nous à ce jour. Mais c'en est une toute autre que de comprendre la logique de marque elle-même, les ressorts de sa valorisation et de son fonctionnement, et les clés du management de la marque dans le temps pour accroître sa valeur, sa force, et son pouvoir de marché.

• Une démarche permanente, 193 • Créer de nouveaux
prototypes, 194 • Fond de marque et front de marque, 195
• Audace de la communication, 196 • Repositionnements :
libérez les contraintes du passé, 196

Introduction

L'INTÉRÊT pour les marques dans les entreprises n'a
cessé de croître. Elles sont leur capital et à ce titre
doivent être gérées avec attention. De fait, rançon
de leur succès, les marques font désormais l'objet
des attentions de chacun, à tous les niveaux, depuis
la direction générale soucieuse de réputation, la
direction financière soucieuse de valorisation du
bilan, mais aussi bien sûr la direction commerciale
et marketing dans la lutte concurrentielle.
Conséquence directe de la mesure de leur importance, tout le monde s'intéresse aux marques. Par
rapport à la situation d'il y a quinze ou vingt
années, le niveau de compétence des entreprises a
aussi fait un saut significatif : aujourd'hui, quel
manager ne sait pas ce qu'est une marque ? Les
concepts d'identité de marque, de capital de marque
sont familiers dans les entreprises. Bref, les vérités
ont été dites et redites, et elles ont été entendues.
Mais, comme son nom l'indique, le "*man*agement"

des marques est réalisé par des personnes (man). Si l'heure n'est plus au rappel des concepts et définitions, il est temps en revanche de montrer comment dans la vie quotidienne, *la saine logique de marque* n'est pas toujours respectée.

Si chacun déclare connaître et servir sa marque, la nourrir, la renforcer, la développer, hélas, l'examen des réalités montre qu'il y a loin de la théorie à la pratique. Il est vrai que dans la concurrence accrue qui est celle des entreprises, la rapidité de décision et de réaction prime. Dans ce contexte, certaines dérives systématiques font surface, certains réflexes s'installent qui nuisent de fait aux marques. Ces dérives et erreurs sont intéressantes à diagnostiquer et à analyser pour apprendre d'elles.

C'est à cette analyse, cette prise de recul que nous invitons les lecteurs, managers de marques de producteur ou de distributeur, consultants ou tout simplement passionnés des marques.

CONSTAT : faire le point sur la pratique des marques

*Savoir ce qu'est une marque, ou l'identité de marque
est une chose, en général bien connue selon nous à ce jour.
Mais c'en est une toute autre que de comprendre la logique
de marque elle-même, les ressorts de sa valorisation
et de son fonctionnement, et les clés du management
de la marque dans le temps pour accroître sa valeur,
sa force, et son pouvoir de marché.*

1

La convergence des cultures de marque

La marque est un concept faussement simple. Chacun peut immédiatement donner un exemple de marque, d'une marque typique, mais bien peu peuvent en donner une définition, comme si celles qui venaient à l'esprit frappaient par leur incomplétude. D'aucuns parlent de nom connu d'un produit, d'autres de valeur ajoutée, d'image, de promesse, de valeurs, les troisièmes de signe de différenciation du produit et de valorisation du consommateur. En fait tous ont un peu raison : la marque est tout cela à la fois. Il n'y a pas de marque sans produit, sans signes et sans image (représentation collective). La marque est à la fois la partie et le tout : elle est le signe sur le produit ou service, mais elle est aussi la valeur globale évoquée avec des promesses de satisfaction matérielle et immatérielle.

Cette complexité de la marque fait qu'on ne saurait être péremptoire ou simpliste dans les affirmations à son sujet. De plus, la réalité de la marque moderne

amène à prendre conscience de l'existence de diffé-rents types de marques. D'où des querelles de cha-pelle qui cachent le fait, qu'en réalité chacun ne parle pas exactement de la même chose. La marque pour le défunt Forrest Mars, c'était le nom de sa fameuse barre chocolatée. Pour le président de Sony, c'est le symbole de la qualité et du progrès des communications. De fait il existe deux grandes cultures de la marque correspondant à la vision occidentale et japonaise de la marque.

Cultures est-ouest

Implicitement, toute la réflexion occidentale sur les marques a été forgée par des entreprises telles que PROCTER & GAMBLE ou MARS. Celles-ci sont nées et ont prospéré grâce à des produits ayant un plus et à qui la publicité a conféré notoriété et personnalité. Elles sont les apôtres de la marque-produit. Les concepts de management qui en découlent résultent de cette origine. Le mot-clé est la différenciation. La marque est là pour différencier deux produits ou services : elle s'inscrit dans une démarche de découpage de marché, de segmenta-tion. Idéalement chaque nouveau découpage devrait donner lieu à marque nouvelle. Les mots sont ceux de ciblage, de positionnement (perception comparative par rapport à des concurrents dont on veut se démarquer).

Au Japon, rien n'est plus étranger à la culture de marque que ce découpage sans fin. Fondamentalement les Japonais aiment les noms qui loin de diviser, séparer, scinder ont la fonction inverse : celle de réunir, d'englober, de mettre en commun les ressources, de créer des liens. Ainsi, il n'est pas sûr que le mot extension de marque (en anglais *brand stret-ching*) ait un équivalent en japonais. En effet il ne viendrait pas à l'esprit d'un dirigeant de YAMAHA, d'utiliser des noms de marques différents pour l'activité motos et pour celle des pianos classiques. Plus il y a de produits de qualité et de renom sous le nom YAMAHA, dans le monde entier, plus grande est la valeur de ce nom et la fierté des employés. Le

Japon a produit une culture de marque directement inspirée de leur conception de l'entreprise.

D'ailleurs les marques mondiales japonaises sont le plus souvent des noms de groupes : MITSUBISHI, SONY, TOSHIBA, MATSUSHITA... Au Japon la réputation de l'entreprise passe avant celle du produit. Jusqu'à une date récente, ce n'était pas le cas en Occident, sauf dans le monde du business-to-business. Cela correspond en fait à deux modèles de comportement des acheteurs :

• *L'Occident fonctionne sur le modèle de l'appropriation de l'objet.* C'est pourquoi on dope son identité d'éléments immatériels. Les critères d'évaluation de la marque sont la différenciation et la pertinence.

• *Le Japon fonctionne sur le modèle de la fidélité.* Ce qui compte c'est de bâtir une confiance attachée à un nom et un seul. Le nom de l'entreprise est le meilleur candidat au rôle de nom de marque car il personnifie la puissance, la pérennité, la stature. L'effet de source est ici crucial... L'identité de marque ne procède pas de la différence avec l'autre, mais des valeurs clés qui animent le corps de l'entreprise. Dans *corporate* il y a « corps ». L'identité de marque au Japon résulte d'une démarche auto-centrée, où ce qui compte n'est pas l'obsession de l'autre mais le respect de ses propres valeurs. On comprend que rien ne soit plus étranger à la philosophie de marque japonaise que la démultiplication de PROCTER & GAMBLE en produits orphelins (IVORY, CREST, TIDE, ARIEL...) ayant presque honte de faire référence à la société mère.

En Occident, à l'origine la marque était une création pour le consommateur, l'entreprise ne concernait que Wall Street. De plus, chaque produit devait avoir sa marque. Au Japon la réputation ne se divise pas, comme l'individu qui est à la fois consommateur, citoyen, employé. D'où la prédilection pour les politiques de marques ombrelles, larges, englobantes et tirant leur force de leur étendue. Reconnaissons que cette pratique se développe aujourd'hui même chez les adeptes de la marque-produit. Ainsi MARS a enfin reconnu les vertus de l'ombrellisation : on trouve sous le nom MARS, selon les pays, la fameuse barre bien sûr, mais aussi des glaces, des tablettes de chocolat ou une préparation à boire instantanée. Il est vrai qu'avoir bâti une telle réputation autour d'un nom, MARS, et ne la rentabiliser que sur une barre, parut un jour excessif au management de cette célèbre entreprise et à ses actionnaires. Un jour viendra aussi où il existera des déclinaisons d'ARIEL autres que sous forme liquide, solide ou micro, voire en tablettes, mais pour les couleurs, la laine. Soit on est une référence de la qualité soit on ne l'est pas.

La montée du corporate

Aujourd'hui force est de constater que le modèle japonais a pénétré l'Occident et réciproquement. D'une part, les entreprises occidentales telles que UNILEVER ou P&G, signent directement de leur nom les spots publicitaires de leurs produits sur les chaînes de télévision asiatiques. Surtout, comme on le ré-analysera ultérieurement, on peut partout constater la montée des « branded houses », supra-marques, références à l'entreprise, sur les packagings, mais aussi dans les publicités. La préoccupation de l'actionnaire y est peut-être pour quelque chose. Il est vrai que Wall Street valorise plus les entreprises connues ou dont les marques sont connues.

Cette référence croissance à l'entreprise s'inscrit dans une volonté de donner plus de sens, plus de profondeur aux activités. Les faire émaner d'un corps, c'est rassurer le public en cette période d'insécurité (alimentaire par exemple), c'est aussi rendre les honneurs à la communauté à l'intérieur de l'entreprise dont les efforts et la mobilisation contribuent à rendre possible la marque. La marque a peut-être eu trop tendance à cacher l'entreprise, à n'en faire qu'un back office. Or, ne l'oublions pas, la marque hérite du savoir-faire de l'entreprise. Le lancement de SATURN, nouvelle marque automobile américaine en 1990, inaugura le retour de l'entreprise : loin de ne présenter que des images stéréotypées de voitures et de possesseurs/conducteurs béats, les publicités faisaient visiter l'usine, donnaient la parole aux ouvriers qui parlaient de leur vie et de cette marque.

Convergences

Curieusement au moment où l'Occident redécouvre l'entreprise, l'Orient intègre les marques de produit et la segmentation du portefeuille de marques. Les entreprises japonaises ont reconnu dans certains marchés la nécessité de favoriser l'appropriation. Les grandes marques japonaises d'automobile ont donné des prénoms à leurs modèles : CELICA, CIVIC, COROLLA... prénoms étonnamment durables d'ailleurs. Elles ont même reconnu les mérites de la segmentation par les marques : TOYOTA a créé une autre marque LEXUS pour le haut de gamme, HONDA lança ACCURA et NISSAN, INFINITY.

Mais la convergence des modèles joue aussi au niveau des modes de gestion et des concepts. Ainsi, quelle marque ne s'interroge t-elle pas désormais sur sa « mission », sa « raison d'être », sa vision, ses valeurs-clés, autant de termes directement issus du management des entreprises. On gère les marques comme des entreprises virtuelles, et toutes les entreprises veulent être marques, c'est-à-dire insuffler du sens à leur production et à leur services. Il est vrai que les consommateurs post-modernes l'attendent.

Transversalités

Un des faits marquants de ce début de millénaire est la puissance des marques verticales : GAP, ZARA, IKÉA. Sont-ce des lieux agréables, des produits, des fonctions, des expériences, des sensations, des images ? L'ensemble assurément. Il est vrai que lorsque la marque est chez elle elle règne en hôte. On va chez GAP, chez ZARA.

D'ailleurs, l'idéal des grandes surfaces est aussi de devenir le « magasin de leur marque », alors qu'ils ne sont aujourd'hui que des distributeurs de leur marque de magasin et d'autres marques. DÉCATHLON est en passe de réussir ce pari : chaque DÉCATHLON est un Nike-town avant la lettre. DÉCATHLON n'est plus un simple magasin : on a parlé de DISNEYCATHLON ! DÉCATHLON a bien compris qu'il devait être plus qu'un magasin mais un lieu de loisir, une sorte de mini Disneyland consacré au sport et au *fun*. Chaque visite est une expérience qui ne se limite plus à l'achat, construite autour de ce qui est en passe de devenir une des seules marques vraiment globales dans le domaine du sport, par l'étendue de son offre.

D'une façon générale, n'ayant pas à défendre une légitimité liée au produit ou au savoir-faire, les distributeurs ont découvert les vertus de la transversalité. Aucun fabricant n'aurait pu créer la marque de l'ex-PROMODÈS : REFLETS DE FRANCE. Pourtant il y a là une vraie création de valeur : réunir sous une même bannière tous les produits qui font la réputation de nos régions et du goût traditionnel. Quelle praticité pour le consommateur ! Quelle lisibilité dans les rayons ! L'expérience devrait se répéter dans une marque transversale de type bio, ou une marque (Destination Saveurs) réunissant le meilleur des productions exotiques, précisément celles où le consommateur n'a pas de repères et où il attend un vrai service. Le distributeur jouit d'une position unique pour mettre en rapport des centaines de producteurs d'un côté et des millions de consommateurs de l'autre, le point de jonction étant une marque repère. Il apporte en cela une valeur d'intermédiation indéniable.

De leur côté, les fabricants s'engagent aussi dans la transversalité par le biais de marques-programmes, qui ne sauraient de ce fait se limiter à un seul produit. Quel est le programme de NESQUIK : aider les mères à faire consommer du lait par leurs enfants. Pourquoi alors limiter NESQUIK à la seule boisson chocolatée : désormais NESQUIK signe des bonbons, des barres, des tablettes, des céréales, un dessert lacté.... Le point commun entre tous ces produits est l'association du chocolat et du lait : il faut du lait pour accompagner les céréales, il y a du lait dans un yaourt...

Parents multiples

Quand elles ne sont pas orphelines (de simples marques-produits donc), les marques font en général référence à un seul parent. Ainsi on dit Bio de DANONE ou Petits Écoliers de LU. Mais dès lors que le groupe Danone veut faire de TAILLEFINE, une marque programme, transversale, force est de constater que suivant les catégories de produits TAILLEFINE aura des mères différentes : DANONE dans l'ultra-frais pour tous les yaourts allégés, mais LU dans les biscuits et le grignotage allégé. On découvre donc un nouveau type de marque, les marques-filles qui ont deux mères. Cette construction est nouvelle et résulte de la culture verticale de la légitimité des marques de fabricant : LU est spécialiste du biscuit ou du sec mais pas de l'ultra-frais. Comment se fait alors le partage des valeurs ajoutées entre tous les acteurs ? Comment les consommateurs se repèrent-ils dans cette nouvelle géométrie familiale ?

D'une façon générale, le *co-branding*, la co-paternité croissent considérablement : DANONE et MINUTE MAID, NESTLÉ et COCA-COLA, MATTEL et COMPAQ... Profitant de la complémentarité des attributs de chaque marque, c'est une alternative à l'extension de marque, qui contourne les problèmes de manque de légitimité de chacune des marques, prise isolément, dès lors qu'elle s'éloigne de son territoire de compétence. En faisant converger leur savoir-faire respectif, les marques partenaires créent ainsi de la valeur.

2

La montée des supra-marques

Un événement très symptomatique est survenu en 1998. Rompant avec des décennies de marketing par marque, capitalisant sur ces grands noms que sont Plénitude, Elnett, Progress, etc. L'Oréal signe désormais en majeur toutes les communications et le produit de ces marques, avec une marque mère (L'Oréal Paris), une signature commune (« parce que vous le valez bien ») et un traité publicitaire unique, mettant fin ainsi à une tradition que l'on considérait comme intangible.

D'autres entreprises se sont aussi engagées dans cette voie : certaines depuis longtemps, la plupart depuis peu. Ainsi, bien que The Coca Cola Company gère un portefeuille de marques très disjointes, elle n'en rappelle pas moins sur tous ses produits qu'ils émanent de Coca-Cola. Par exemple, sur les canettes de Fanta, la boisson à l'orange mondiale de Coca-Cola, il est écrit de façon très visible et au devant : « un produit de The Coca Cola Company ». Elle ne le fait pas de façon cachée, à la Procter &

GAMBLE qui appose son logo étoilé derrière les produits, en bas.

NESTLÉ appose depuis peu son sceau de garantie sur la plupart des produits émanant de la société, même sur la charcuterie HERTA (mais pas sur PERRIER, ou VITTEL ni même FRISKIES). Accor a lancé en 1998 une communication internationale sur sa marque « du sourire » et signe de façon désormais très visible l'entrée de toutes ses marques d'hôtels.

Il y a là un mouvement de fond qu'il convient d'analyser. Il ne s'agit pas à proprement parler de communication corporate, c'est-à-dire portant sur le « corps » de l'entreprise, son fonctionnement, ses résultats. D'ailleurs plusieurs entreprises engagées dans cette voie n'ont de cesse de répéter qu'elles ne tiennent pas pour autant à s'engager dans une communication corporate, préférant la discrétion sur la conduite de leurs affaires, surtout si elles ne sont pas cotées en Bourse. Fondamentalement, il s'agit de la création d'une supra-marque, reprenant le nom de l'entreprise.

Pourquoi a-t-on besoin aujourd'hui de faire appel à cette supra-marque ? Il est révélateur que les Allemands l'appellent « eine Dach-Marke » et les anglais « branded house », c'est-à-dire une marque-toit ou une marque-maison, comme si l'édifice des marques ne se suffisait plus sans un toit ou, ce qui revient au même, le rappel global de la maison dont elles font partie ?

Reconnaissons que la définition même de la marque porte en elle une dualité lourde de conséquences : « Un signe qui différencie les produits de ceux de la concurrence et qui certifie leur origine. » Cette définition juridique rappelle les deux fonctions structurelles de la marque : identifier la source d'une part, différencier de l'autre. Jusqu'à présent, toute l'idéologie du marquage en Occident a été dominée par la logique de la différenciation (nous avons déjà abordé cette question dans la comparaison des cultures de marque). Le rôle de la marque dans les bibles du marketing lessivier est de rendre chaque lessive différente et spéciale aux yeux des consommateurs malgré les apparences. Il en allait de même des soft-drinks.

Il semble que les limites de cette idéologie aient été atteintes.

La fonction de source, longtemps sous estimée, est devenue indispensable dans la concurrence de ce nouveau siècle. Les entreprises ressentent le besoin d'utiliser ce que l'on appelle en psychologie « l'effet de source », le facteur-clé de la crédibilité des communications persuasives. La marque-source ne différencie pas, elle crédibilise, authentifie, manifestation de puissance, de garantie, d'expertise et d'éthique. Huit mouvements de fond expliquent cette urgente nécessité d'utiliser le levier de l'effet de source en bâtissant une supra marque. Nous les examinons tour à tour.

La distribution maximise l'effet de puissance

Dire que la distribution se concentre est un euphémisme. Que ce soit sur un plan national, européen ou mondial, le nombre d'acteurs diminue au profit de groupes de plus en plus concentrés et puissants. Trois groupes de distribution représentent souvent à eux seuls plus de 65% des ventes des marques engagées sur les marchés matures européens. À la vitesse où va le changement ce sera bientôt aussi le cas au Brésil ou à Taiwan : il suffit de visiter ces pays pour s'en convaincre. Les grandes enseignes européennes et WAL-MART y ont exporté avec succès le concept de super-store. La récente super-concentration entre CARREFOUR et PROMODÈS crée des situations de domination totale en Espagne, au Portugal.

On doit remarquer que la grande distribution sait exprimer sa force. Les groupes de distribution ont tendance à prendre le nom de leur enseigne la plus connue. PROMODÈS était en train de se débaptiser pour s'appeler GROUPE CONTINENT, du nom de son enseigne internationale d'hypermarchés, juste avant de franchir l'étape déterminante qui est de se fondre dans CARREFOUR.

Dans un rayon, que pèsent alors les marques éparses du portefeuille de marques d'une entreprise ? Certes les marques leaders sont reconnues comme telles. La première réponse à la concentration de la distribution est de renforcer encore plus sa marque la plus forte, via la publicité, l'innovation et la relation directe aux consommateurs. Mais qu'en est-il des autres ? Les entreprises ressentent désormais fortement le besoin de réunir par un fil rouge l'ensemble de leurs marques et produits. Il ne s'agit pas de créér une marque-ombrelle (une forme de marque recouvrant plusieurs catégories de produits) mais une marque d'unification, de lien, qui par son étendue rappelle que, derrière tel ou tel produit, il existe une force, une garantie, une source de confiance.

Il s'agit de montrer ses muscles, que la multiplication des marques segmentées et cloisonnées aurait pu cacher. Derrière PLÉNITUDE, PROGRESS, ELNETT, etc., il y a L'ORÉAL. La cible d'une telle préoccupation est le chef de rayon, le responsable de la catégorie chez le distributeur et, en troisième lieu, le consommateur.

Dans certains secteurs, il y a une difficulté opérationnelle à mettre en œuvre cette stratégie. La force d'une entreprise se mesure à la force de ses marques. Logiquement donc, toute l'énergie et tout l'investissement financier doivent contribuer à bâtir ces marques. Comment alors bâtir la notoriété du fil rouge, du parent, de cette supra-marque, devenus si nécessaires ?

Le marché du fromage fournit une bonne illustration de la problématique. Les sociétés disposent de marques leader reconnues mais aussi d'une multitude de spécialités, de marques-produits moins connues. Par exemple, tout le monde connaît en Europe la marque LEERDAMMER et ses nombreuses extensions. Peu de gens connaissaient BAARS, l'entreprise qui produisait et promouvait cette marque ainsi que nombre de spécialités fromagères. BAARS ressentait fortement le besoin de les relier par un fil rouge.

Le packaging est un premier support. BAARS signait ainsi de ce nom discrètement tous ses fromages. KRAFT signe fortement tous les siens en Europe. En France BEL appose son logo rouge depuis les boîtes de VACHE-QUI-RIT jusqu'au ROUY, à

COUSTERON ou SYLPHIDE, en petit pour ne pas heurter l'identité spécifique de chacun. Mais la notoriété ne se bâtit pas par seul effet stalactite, ou bien hélas trop lentement. Se pose alors la question d'une communication plus directe. Mais comment le faire sans détourner de l'investissement sur les marques et sur quels médias en particulier ?

Une première réponse est de capitaliser sur le nom de l'entreprise. KRAFT, c'est KJF. Une deuxième réponse est de prendre le nom de sa marque phare pour nom d'entreprise. C'est ce que fit Danone, mais aussi BAARS qui devint LEERDAMMER Corp. Cela permet de capitaliser. Pour éviter toute confusion quant à l'émetteur, la marque corporate à son logo propre.

L'accent sur la fidélisation

Aujourd'hui, on ne parle plus que de fidélisation. La préoccupation de volume et de part de marché n'a de sens que si elle est profitable. D'où la concentration des efforts de marketing sur les clients à plus gros potentiel, qu'il s'agit de fidéliser encore plus. Mais les distributeurs eux-mêmes cherchent à développer la fidélité à leurs magasins, via, entre autres, leur assortiment de marques de distributeurs. D'où la nécessité de contourner le mur de la distribution afin de créer des relations directes avec les meilleurs clients des marques de l'entreprise.

Compte tenu des coûts de mise en œuvre d'une telle stratégie (plus de 140 millions de francs chez certains gros annonceurs comme DANONE), il y a une nécessité à mutualiser ces coûts. D'où la création d'opérations transverses, communes à toutes les marques d'une même société pour atteindre le seuil de visibilité et d'efficacité. Il peut s'agir de la création d'une base de données clients, regroupant comme chez DANONE fin 1999 près de 2,8 millions de ménages, gros clients des marques du groupe.

Il peut s'agir de la constitution d'un site web commun. Enfin on peut vouloir monter des opérations promotionnelles communes, comme celle menée par Nestlé autour du petit-déjeuner.

Mais, reprenant l'exemple de Baars en Hollande, comment nommer ces opérations transversales ? On ne peut les appeler Leerdammer, ou de façon générique « le plateau des fromages ». Il faudra bien trouver un nom-chapeau. Danone capitalise sur son nom d'entreprise, qui est aussi celui de sa marque la plus connue, à travers le vocable Danoé, ou le Bingo des marques de Danone. Pour bénéficier de cette synergie, Accor a donné son nom de groupe à une de ses marques-produits. Les marques jusque-là isolées Africa Tours, Asia Tours, America Tours ont été fusionnées sous un nom unique : Accor Tours. Avoir un produit dans la gamme qui porte le nom du groupe est un levier supplémentaire de notoriété.

La concentration des clients

Il n'y a pas que la distribution qui devient globale. Les acheteurs eux-mêmes le sont désormais, ce qui accroît leur propre pouvoir dans le marché. Accor traite avec IBM des contrats globaux portant sur les services de mobilité mondiale de ses cadres. Les acheteurs globaux veulent un interlocuteur global. Peu leur importe dans une première analyse les marques Sofitel, Novotel, Mercure, Europcars, etc.

D'une façon générale, plus la clientèle est fragmentée, plus elle apprécie les liens locaux de proximité. Plus elle se globalise, plus elle veut traiter au niveau corporate. C'est pourquoi, aux États-Unis, Schneider Electric maintient la marque-entreprise locale Square-D, qui représente de fait le groupe dans ce pays. En revanche, à l'international, partout ailleurs, l'interlocuteur se présente comme Schneider Electric, la supra-marque.

La société du risque

Dans certains marchés comme l'alimentaire, on assiste à une remontée des craintes. Dans la mesure où tout ce qui s'ingère porte intrinsèquement en lui un risque vital, les consommateurs sont naturellement sensibles à toute rumeur de danger lié à des grandes marques alimentaires. L'actualité récente a fait franchir une étape supplémentaire à ces craintes en les objectivant : crise de la vache folle, dioxyne des poulets, retraits d'eaux minérales, retrait des canettes de COCA-COLA... le bras de fer engagé par les États-Unis pour faire manger aux Européens du veau aux hormones. Sans parler de la charge émotionnelle liée à la modification profonde de civilisation portée par les organismes génétiquement modifiés.

De fait, nous sommes entrés de plain-pied dans la société du risque. Les cas récents mentionnés ci-dessus démontrent à l'envi la faillite des systèmes de contrôle des entreprises et des systèmes de régulation mis en place par les États. Dans une société ouverte, les contre-pouvoirs vont de plus en plus utiliser l'arme du risque (la plus petite probabilité de danger) et la porter au public via des débats médiatiques.

Le problème est que les marques n'ont envisagé les risques que sous l'angle de ce qu'il convient d'appeler un modèle de marché. Elles s'adressent à un consommateur pur. Or les conflits signalent l'irruption du citoyen dans la sphère de marché. Celui-ci a une vision holistique des choses, globale et normative. La marque parle au désir et éventuellement au bien- être du consommateur. Qui va parler au citoyen de son identité et de ses libertés ?

Il y a là un vrai problème d'émetteur. Les marques ludiques et consommatoires pourront-elles en même temps rassurer le citoyen ? On peut en douter. La supra-marque a un rôle à jouer en révélant la facette responsable de l'entreprise et les valeurs sur lesquelles elle ne transigera pas. En effet la confiance se nourrit certes de la démonstration des efforts faits pour minimiser le risque, mais aussi du partage des valeurs qui guideront l'action, avant même le souci économique et de rentabilité.

Il y a nécessité de répondre aux craintes des consommateurs/citoyens tout d'abord dans les actes. Que fait-on concrètement sur le plan de la qualité ? Mais aussi dans la transparence. D'abord celle des process et produits : c'est la nécessaire traçabilité de l'alimentaire. Elle est indispensable pour que le consommateur regagne le contrôle de son destin en sachant ce qu'il achète. Les labels, les mentions d'origine, les signes d'absence de tel ou tel traitement devront se multiplier à côté des marques elles mêmes. Transparence de la communication d'autre part, en laissant se développer les échanges sur l'internet, par exemple.

Au niveau des marques, il y aura donc de moins en moins de tolérance pour les marques orphelines. Elles actualisent d'autant plus les craintes que leur promesse est ludique voire transgressive. En termes psychanalytiques, plus une marque libère le ça, les pulsions, plus il faut un contrepoids, un surmoi. Ce sera le rôle de la supra-marque, éventuellement marque-corporate.

Dans l'alimentaire ce mouvement vers la double signature a déjà commencé. NESTLÉ signe les barres LION, NUTS ou KIT-KAT... Cela permet de jouer sur deux tableaux : celui du désir et celui de la réassurance.

Remarquons que ce mouvement va bien au-delà du marché alimentaire. Le besoin de sécurisation touche aussi l'automobile par exemple. Derrière les petites marques niches que sont SAAB, ou ALFA-ROMÉO il y a GENERAL MOTORS ou FIAT. Derrière les tuiles REDLAND, il y a LAFARGE. Derrière BANQUE DIRECTE, il y a BNP-PARIBAS.

La montée des leaders d'opinion

Une des conséquences de l'accroissement des inquiétudes est le poids grandissant des leaders d'opinion et des prescripteurs sur les choix des clients finaux. Le corps médical, les diététiciens, les chercheurs sont souvent sollicités pour émettre leur avis sur tel ou tel produit, molécule ou marque. Il n'est plus possible de passer outre ces leaders d'opinion. Même la marque VICHY, spécialiste de la dermo-cosmétique, a décidé de mener une politique d'information systématique auprès des dermatologues. Il ne s'agit pas d'attendre d'eux qu'ils prescrivent VICHY, la marque étant trop grand public et en dehors du curatif. En revanche, un leader de la dermo-cosmétique ne peut pas ne pas entretenir des relations régulières avec les dermatologues, ne fut-ce que pour les informer des derniers progrès et éviter les prescriptions négatives.

Il faut donc que la marque ait deux discours : l'un publicitaire, libre, euphorique et optimiste, destiné aux consommateurs, l'autre sérieux, factuel, étayé, socialement responsable, destiné aux journalistes, aux agences gouvernementales, aux groupements de consommateurs. Pour ce deuxième registre, la crédibilité est importante. Pour des marques telles ÉVIAN, positionnées sur la santé, l'écart n'est pas trop grand entre les deux registres de communication. En revanche pour de plus petites marques, sans statut, la crédibilité fera défaut pour communiquer auprès des leaders. La supra-marque permet mieux de jouer ce rôle, surtout si elle porte le nom crédibilisant et responsable de l'entreprise. C'est DANONE qui informe sur les propriétés d'ACTIMEL ou de BIO, ce n'est pas le marketing de ces deux marques.

La mondialisation des affaires

La supra-marque est aussi une réponse à l'expansion du champ concurrentiel. La globalisation des affaires doit en effet rendre modeste. Prenant le groupe VIVENDI par exemple, dont chacun des métiers a ou va avoir sa marque (CÉGÉTEL pour le téléphone, ONYX pour la propreté, CONNEX pour la partie transport...), la question se pose : en Chine ou aux États-Unis, par exemple, faut-il se présenter comme ONYX (groupe VIVENDI) ou bien directement comme VIVENDI, quitte à faire ultérieurement appel aux experts de chaque métier.

De fait, le lancement réussi de VIVENDI crée une nouvelle ressource, prête à l'emploi, de par la notoriété attachée à ce nom sur un plan international. Pourquoi aborder les marchés lointains comme on l'a historiquement fait dans les marchés domestiques ? Puisqu'une supra-marque a été créée, autant l'employer. La création de VIVENDI WATER va dans ce sens, sous le pôle VIVENDI Environnement.

Cette logique concerne donc particulièrement les groupes qui se sont constitués de façon progressive, de bas en haut. Ceux-ci ont réuni des entreprises notoires dans leur secteurs. Il était normal au début de capitaliser sur ces marques réputées dans leur métier et bien connues des décisionnaires techniques. Ainsi, le groupe SCHNEIDER (désormais appelé SCHNEIDER ELECTRIC), a capitalisé sur les noms de MERLIN-GÉRIN ou de TÉLÉMÉCANIQUE, très connus des ingénieurs. Mais, hors de ses marchés historiques, il inverse le processus en pratiquant une approche centrée sur sa supra-marque comme seule source de valeur et support de notoriété. C'est SCHNEIDER qui porte la réputation de spécialiste et intégrateur sur les marchés mondiaux, quitte à retomber sur ses marques de métier que sont SQUARE-D, TÉLÉMÉCANIQUE, MERLIN GÉRIN ou MODICON. En outre, les grands contrats internationaux impliquant plus de non-techniciens dans les processus de décision (des politiques par exemple), le supra-nom est plus rassurant à leurs yeux.

Dans un tout autre marché, celui du jouet, les fabricants vosgiens aux marques historiques doivent eux aussi changer leur modèle de gestion et aborder les marchés étrangers sous une seule bannière, un catalogue commun et un packaging du même ordre. C'est pourquoi le SUPERJOUET formé des marques BERCHET, CHARTON, FAVRE, CLAIRBOIS, et ToysToys a créé une supra-marque : Groupe BERCHET. C'est la seule façon d'exister face à MATTEL.

La concentration des ressources

L'émergence d'une supra-marque répond aussi à la nécessité de nommer tout ce qui est désormais commun entre les marques, surtout si cette partie commune ne cesse de grandir dans les faits. Prenons par exemple le cas de l'automobile.

Les marques, jusque-là entreprises, sont une à une rachetées par des groupes : GENERAL MOTORS, FORD, PSA PEUGEOT CITROËN, FIAT. À travers fusions et acquisitions, les sociétés regroupent leurs ressources. Par exemple, PSA n'est plus la simple holding financière du départ. En PSA ou GENERAL MOTORS se concentrent les fonctions de R&D, les achats, la logistique, la finance, les ressources humaines et désormais la production. Dans les faits, les usines ne sont plus dédiées aux marques mais aux plates-formes communes aux modèles des marques différentes. Aux marques sont dévolus le plan des produits à venir, le design, le typage des automobiles en fonction des attributs discriminants de la marque, le marketing et la commercialisation. Qui doit parler alors, lorsqu'une grande innovation doit être annoncée ? Normalement c'est l'entité qui l'a produite, avant que celle-ci ne soit ultérieurement développée par l'une ou l'autre des marques du groupe ? Aux États-Unis c'est GENERAL MOTORS. En France, c'est PSA. On sent néanmoins bien les limites de cet exercice, car si GM est mondialement connu, et fonctionne donc comme supra-marque, PSA ne l'est pas : il n'y a pas de voitures PSA et il ne doit pas y en avoir. De plus, face à la compétition des marques, tout ce qui renforce la puissance des marques PEUGEOT et CITROËN doit être mis en œuvre. De ce point de vue, il est vain de donner trop de visibilité au nom du groupe, si cela dilue l'impact qu'aurait pu avoir l'annonce d'une innovation attribuée à l'une ou l'autre marque. Néanmoins, hors de France, la réticence vis-à-vis des marques orphelines est grande. On aime savoir que telle ou telle marque encore peu connue s'adosse en réalité à un groupe un peu connu. Pour sortir de ces exigences contradictoires, une solution est de donner à la supra-marque le nom d'une des marques du portefeuille, en ayant bien soin de distinguer le niveau marque et le niveau groupe. C'est la voie choisie par le Groupe VOLKSWAGEN, le Groupe FORD, DAIMLER-CHRYSLER, le Groupe FIAT.

C'est aussi la démarche derrière PSA PEUGEOT CITROËN, nom hélas trop souvent réduit dans les faits à son seul sigle PSA.

Le souci des actionnaires

Aujourd'hui on ne parle plus que de l'actionnaire ou plutôt des actionnaires. C'est parce qu'ils sont multiples et parfois fragmentés que toute politique de marque vise aussi à influencer la capitalisation boursière. Feu RHÔNE POULENC avait filialisé son pôle chimique et l'a appelé RHODIA afin de rapprocher le cours de l'action RHÔNE POULENC des standards de l'industrie pharmaceutique. Le marché exerçait jusque-là une décote du fait de la présence du pôle chimique sous le même nom. Dès le remplacement du nom GÉNÉRALE DES EAUX par VIVENDI, la capitalisation boursière a crû de 20%.

Les évaluateurs boursiers apprécient les sociétés à la lumière de deux critères. Ils veulent :

• que sa stratégie soit simple,

• que sa communication soit transparente (bien entendu, il s'agit de communication au sens large).

En janvier 2000, le groupe VIVENDI érigea son pôle environnement en société mais aussi en marque (avec son logo propre) afin de faire côter ce pôle et ainsi répondre aux critiques financiers qui n'aiment plus les conglomérats trop diversifiés.

De leur point de vue, les marques uniques, ou les supramarques clairement identifiées, sont aussi préférables. C'est bien d'être un groupe aux marques multiples, c'est mieux d'être connu soi-même. D'où l'intérêt d'une mention du nom de l'entreprise cotée, même en petit, sur les produits. La visibilité du nom est un des leviers d'influence sur la valeur de l'action.

Le retour du citoyen

La crise de COCA-COLA en Juin 1999 a révélé le retour du citoyen sur la scène et le désarroi des sociétés pour lesquelles seul le consommateur existe, ce qui est le cas par exemple de COCA-COLA, et en fait de la majorité des entreprises. Ce qui est en cause aujourd'hui derrière cette crise, c'est moins l'aspect sanitaire que la perte du contrôle sur sa vie, voire la perte de liberté. Les unes après les autres, les crises alimentaires révèlent la défaillance des institutions censées protéger les citoyens. Chaque accident ouvre le spectre d'une succession de dé-responsabilités individuelles, à tous les niveaux. Au même moment, concentration aidant, le champ de choix réel, donc de liberté, se réduit. COCA-COLA COMPANY, c'est « MICRO-SOFT drink ». Le but déclaré de cette entreprise, par ses dirigeants eux-mêmes, est la « neutralisation » de la concurrence. Dans tous les secteurs, ce que l'on nomme intégration verticale, vise en fait à recréer des monopoles privés :

on le voit dans l'univers des communications, via le rachat des sociétés de contenu (films, programmes,éditeurs...) par les sociétés de tuyaux (téléphonie, internet, télévision, informatique). On peut donc être très satisfait du produit Coca mais de plus en plus mal à l'aise avec la société COCA-COLA. Il en va de même pour WINDOWS et MICROSOFT.

Jusqu'à présent on a traité le citoyen avec des alibis : ici une fondation, là un programme de charité, un don au WWF pour protéger la nature, etc. Mais, les citoyens s'interrogent désormais sur les finalités exactes des entreprises cachées derrière les marques. La communication de l'entreprise va devoir prendre en charge cette demande, à laquelle la communication euphorique de la marque ne peut absolument pas répondre. D'une façon générale, l'entreprise devra exister plus qu'elle ne le fait aujourd'hui.

3

Du risque au désir : quelle fonction pour quelles marques ?

LA MONTÉE DES MARQUES de distributeurs dans tous les secteurs de l'économie a sonné comme un coup de semence à la notion même de marque. Il est vrai que, pour qui s'en tient à une lecture juridique de la marque, la marque n'est pas en droit un instrument de protection des consommateurs, mais des entreprises. Par son caractère facultatif, elle est un instrument dont les entreprises font ou non usage. Or reconnaissons que cet instrument semble avoir les plus grandes peines à défendre les entreprises : d'où le recours à l'Etat, comme organisme régulateur des marchés et des relations industrie-commerce.

Si les marques, ou plutôt certaines d'entre elles, ne sont plus un levier de compétitivité et de défense de l'entreprise, c'est qu'elles ont perdu l'apanage de leurs fonctions aux yeux des consommateurs. En effet, les marques ont de la valeur aux yeux des clients, parce qu'elles remplissent certaines fonctions, plus ou moins valorisées suivant les types de clients, de catégories de produit, de situation d'achat aussi. L'approche fonctionnaliste des marques permet d'éclairer le présent et le futur de celles-ci.

La première fonction de la marque est, on le sait[1], de réduire le risque perçu. Dès lors qu'une situation d'achat comporte un risque, les consommateurs cherchent à le réduire, cela est naturel. Il y a plusieurs types de risques perçus. Ce risque peut être financier, d'où l'importance croissante de la marque quand le prix augmente. Il peut être aussi physique d'où le besoin de marques rassurantes dans le domaine alimentaire où les événements récents ont révélé les défaillances des organismes de contrôle publics. D'où aussi l'attachement magique des consommateurs à leur marque d'aspirine : au nom de marque est liée la certitude d'un mal de tête vite évanoui (c'est pour cela que les génériques ne peuvent croître que s'ils sont imposés par la CNAM ou substitués autoritairement par les pharmaciens). Le risque perçu croît aussi avec la technologie : il faut des marques très notoires telles SONY ou THOMSON pour porter les innovations dans la télévision numérique ou dans la hi-fi. Enfin les marques répondent au risque perçu psychologique : on consomme moins la marque qu'on ne la porte. C'est pourquoi la marque est omniprésente dans le parfum, la cosmétique, le sport, dans l'univers des montres, des montures de lunettes...

La seconde fonction des marques est de simplifier la tâche des consommateurs. Les produits créent du choix, la marque le simplifie en fournissant des repères bien identifiés du bénéfice final recherché, ce que l'on appelle le positionnement de la marque : VOLVO fait des voitures solides, et FIAT des voitures sympathiques et peu chères. La fidélité fournit une simplification supplémentaire de l'acte d'achat. Avec le temps elle engendre familiarité et confiance, comme il en est de tous les objets qui

---

1. Jean-Noël KAPFERER et Gilles LAURENT, *La Sensibilité aux Marques*, Éditions d'Organisation, Paris, 1992.

nous entourent et font indissolublement partie de notre monde. Ce sont là quelques-unes des fonctions collectives des marques, des fonctions génériques, structurelles.
On doit néanmoins se demander si désormais il est suffisant d'être rassurant, voire même si cela est nécessaire ?

Risque et désir

Un des faits de société les plus significatifs de ces vingt dernières années a eu lieu dans le sport. Alors que la liste des sports n'avait pas évolué pendant cent ans ou presque, on a vu fleurir une multitude de sports, tous plus risqués les uns que les autres : le surf, le rollerskate, le snowboard hors des pistes balisées, la chute libre, l'escalade successive de plusieurs pics... Le trait commun à ces nouvelles pratiques, outre leur caractère individuel (ce ne sont plus des sports collectifs), est la recherche de vitesse, de sensations dans des conditions extrêmes, la volonté de reculer ses limites. Comme si le risque, loin d'être fui, était en fait aussi la base du désir et de l'excitation. Certes tous les sportifs ne les pratiquent pas, mais leur attrait auprès des jeunes est considérable. Pour eux le risque est en fait absent, ils n'y pensent pas. Ils veulent de l'émotion pas de la réassurance.

Le raisonnement ne doit-il pas s'appliquer aussi aux marques ? Il y a peut-être une confusion à ne pas faire entre la fonction de la marque « en général » et la fonction de telle ou telle marque dans son marché. En particulier, dans les marchés matures où la plupart des marques en lice sont des marques de qualité, est-il souhaitable pour une marque donnée d'être perçue comme rassurante ? N'est-ce pas désormais une fonction de marque quasi générique, nécessaire mais devenue à elle seule insuffisante pour assurer la pérennité de cette marque ? Dans nos sociétés où les besoins matériels sont globalement satisfaits, la croissance ne viendra que de la stimulation du désir. *La fonction des marques devient alors celle d'encourager les consommateurs à prendre des risques :*

- en osant les nouvelles technologies, numériques dans la tv, hi-fi, ou biologiques dans la lessive ou la cosmétique ;

- en osant des comportements alimentaires nouveaux ;

- en osant les modes vestimentaires nouveaux ;

- mais aussi en osant acheter moins cher, dans des secteurs où l'on a toujours associé prix et qualité : c'est la mission de marques telles que NIVÉA, BIC, DOP, DIM, BRANDT. C'est aussi celle de CARREFOUR ou TESCO ou AUCHAN !

Marques de distributeurs et fabricants

De toutes les marques de distributeur, la marque-enseigne est la plus typique. En elle se conjuguent trois valeurs : celle du lieu, du bien et du lien.

Une des fonctions-clés des marques-enseignes, est de mettre en avant le nom de l'enseigne sur la plus vaste palette de produits. Elle est une réponse transversale aux attentes des consommateurs alors que le monde industriel, lui, est organisé par filières et spécialisations verticales. Même NESTLÉ, qui en tant que marque signe du lait en poudre à une eau minérale désormais, n'a pas la même transversalité que la marque MIGROS ou CARREFOUR. Il est vrai que le client qui promène son caddy d'un rayon à l'autre est aussi en partie transverse dans ses attentes : par exemple celles de santé, de sécurité, de forme, de praticité, de simplification de la vie quotidienne. La présence d'une marque transversale a donc le bénéfice de clarifier l'offre et de fournir un repère bien pratique à un client cherchant à simplifier sa démarche de choix.

Par la confiance dont elle a éventuellement réussi à se doter à travers le temps, la marque-enseigne encourage le client à se dé-programmer, et à explorer des zones de prix plus basses. En cela la marque-enseigne aide à démocratiser les marchés et les familles de produits. Toutes les marques enseignes n'ont pas le statut requis pour cela, mais, à force de constance et de volonté, certaines y sont parvenues. D'une certaine façon, DÉCATHLON libère le désir de sport ou d'une vie qu'on imagine sportive : il fournit la qualité et le prix via des produits à son nom, défiant toute concurrence en rapport qualité/prix.

Dans de nombreuses catégories de produits la confiance et l'aiguillon du prix bas qui relâche les contraintes du porte-monnaie sont donc les points forts des marques de distributeur persévérantes. Dans certaines catégories de produits, le fait de remplacer une marque propre par le nom CARREFOUR double la demande des consommateurs, face à un leader pourtant reconnu[2].

L'analyse fonctionnelle révèle comment les marques créent de la valeur. Mais désormais cette valeur peut aussi être apportée par des marques de distributeurs performantes, en particulier les marques de distributeurs dites du troisième type. L'analyse du tableau 3.1 ci-après permet de repérer les valeurs ajoutées contestées, les fonctions où les marques de distributeurs se posent en challenger de la suprématie des grandes marques. Comme on le voit, les trois premières fonctions de base de la marque ne suffisent plus à défendre les marques de fabricants. Face aux marques de distributeurs innovantes qui s'imposent désormais sur les rayons, le risque est que les marques de fabricants se voient confinées dans le segment du seul haut de gamme, c'est-à-dire celui dont on n'a pas besoin tous les jours. Ce serait très grave pour leur survie économique.

---

2. Catherine LEWI et Jean-Noël KAPFERER, « La préférence des consommateurs pour la marque de distributeur », in La Marque, IREP, Paris, 1998.

FONCTIONS DE LA MARQUE ET CHALLENGE
PAR LES MARQUES DE DISTRIBUTEUR

SOURCES DE VALEUR AJOUTÉE DE LA MARQUE	CATÉGORIE DE PRODUIT TYPIQUE	POUVOIR DE LA MARQUE DE FABRICANT
Signal de reconnaissance	Essuie-tout, Cahiers scolaires	Faible
Facilité d'achat	Chaussettes	Faible
Garantie, réassurance	Alimentaire	Contesté, moyen
Signe de la meilleure performance, du progrès	Services, cosmétique, détergents, hi-fi, voitures	Fort
Identification émotionnelle	Prêt-à-porter, parfum	Fort, mais challengé par les marques verticales (GAP, HABITAT)
Permanence, familiarité	Marques de confiance, grandes marques locales	Fort, mais challengé
Hédonisme, sensation plaisir	Marques polysensuelles	Fort
Éthique et responsabilité	Grandes marques et sociétés de référence	Fort, mais challengé (IKÉA, BODY SHOP)

Si tel est le cas, pour survivre les marques de fabricants devront se doper, et se souvenir que nous vivons en Occident du moins dans l'économie de l'abondance. Cela signifie par exemple que nous ne nous nourrissons plus, nous prenons soin de nous, de notre corps, de notre beauté et de notre palais. Dans ce contexte, la fonction des marques de fabricants est de démocratiser le privilège. En cela elles se diffèrent des marques de luxe et de haut de gamme. La marque doit rester symbole d'abondance et de progrès, qu'elle signale et démocratise en même temps. Elle est le moteur de la catégorie.

Au-delà de la consommation, terme réducteur si l'en est, presque jurassique, l'individu-citoyen puise en la marque à la fois des satisfactions tangibles, et des bénéfices plus immatériels.

L'excès de marque-enseigne massifie (il suffit de voir l'omni-présence de la marque DÉCATHLON dans tous les terrains de sport pour sentir les limites de la marque-enseigne devenue dominante).

En segmentant les marchés la marque doit rester un instrument d'identité : elle démassifie la masse. D'où l'importance de renforcer toujours plus le lien émotionnel qui relie les marques aux clients grâce à l'arme exclusive qu'est la communication. Heureusement les moyens de communiquer se sont affinés et sont désormais interactifs. Mais la clé pour les marques restera toujours l'innovation, car elle seule fait des marques des sources de désir, de progrès et d'euphorie, tout ce qui en bref nous permet de dépasser les standards de la vie quotidienne. La marque doit avoir de l'ambition pour son client. Ceci débouche sur une accélération des rythmes d'innovation et une réduction de la durée de vie des produits eux-mêmes. Les nouveaux produits ne durent plus que trois ans chez YOPLAIT. Il est vrai que très consommés par un petit noyau de gros consommateurs, ces derniers subissent plus vite un effet de satiété et d'usure. En outre, les copies de distributeurs arrivent elles aussi plus vite.

Il faut enfin créer et se renouveler pour engendrer le réachat. En effet, la fidélité n'est plus ce qu'elle était.

Fidélité et innovation

L'ère des marques qui ne sont que rassurantes est révolue. PEUGEOT est sorti de la spirale de l'ennui, qui guette toute marque se voulant seulement rassurante, grâce à l'accident de la 205 GTI, cette voiture qui a créé un nouveau produit « prototype » de la marque, en particulier auprès des jeunes et des Européens.

À ce déclin de la réassurance, correspond la baisse des fidélités ataviques : « Mon grand-père achetait PEUGEOT, mon père achetait PEUGEOT, j'achète PEUGEOT. » Clairement, ce processus devient rarissime. C'est donc à l'innovation qu'il échoit de tenter, de séduire. Aujourd'hui, il faut que face à un modèle, une automobile nouvelle, le consommateur se dise « je la veux ». D'où l'importance de l'esthétique et des marques filles, à même d'accroître ce désir d'appropriation qu'on ne raisonne pas. Combien de consommateurs, *a priori* neutres ou indifférents face à RENAULT, n'ont-ils pas été tentés par TWINGO, ou SCÉNIC ?

Aujourd'hui, dans une concurrence où il ne reste plus que les meilleurs, seule l'innovation peut produire de la fidélité. À chaque collection de produits de maquillage, BOURJOIS doit faire ses preuves et proposer une palette de couleurs, de produits, plus attirante que la concurrence. La consommatrice moderne ne se vit plus comme fidèle : en revanche on peut créer un réachat systématique par le talent de l'innovation produit ou service. La fidélité est donc la conséquence de l'achat des nouveautés de la marque, et non plus son préalable.

Enfin, l'innovation, on ne cessera jamais de le répéter, est le terrain naturel de l'expertise du fabricant. Ne pas y concourir, c'est nier la fonction même de la marque.

Le sens de la mission

Dans la concurrence totale d'aujourd'hui, chaque marque doit d'abord avoir un sens très fort de sa mission. Sans une raison d'être impérative, comment convaincre en interne et en externe ? Régulièrement, il convient que les entreprises redéfinissent les bases de chacune de leurs marques en lice pour supprimer les marques molles, ou marques devenues relatives. Pour ce faire, les questions à poser à chaque marque sont simples mais exigeantes :

1. Quelle est sa vision, intime, personnelle, forte ?

2. Quelle est son intense nécessité ?

3. Que cherche-t-elle vraiment à modifier dans le marché et à apporter aux consommateurs ?

4. De quels muscles dispose-t-elle pour transformer cette utopie en réalité ?

5. Au-delà des fonctions et attributs de ses produits, quelles valeurs offre-t-elle de partager avec ses clients ?

L'énergie naît lorsque la mission pénètre totalement les équipes internes : on sait pourquoi on existe et tout état d'âme a disparu. Tant que les franchisés de QUICK n'avaient pas compris la mission de QUICK, ils ne cessaient de se demander pourquoi ils n'étaient pas chez McDONALD'S ?

Rien n'est plus communicatif que l'énergie et la force de conviction nées d'une mission bien comprise et à laquelle on adhère. Cela concerne particulièrement les marques challengers. Leur tâche est difficile car il s'agit en fait de contester l'évidence : cet objectif ne sera pas atteint sans audace, dans les ambitions mais aussi dans l'expression de la marque. Elles doivent déranger le marché et imposer leur propre vision.

Mais ce sens de la mission devra désormais aussi être en permanence rappelé, voire redéfini pour les marques leaders elles-mêmes. Car elles sont devenues challengers des marques de distributeurs ou ont intérêt à se mentaliser ainsi et à ne recruter que des managers ayant l'esprit de combat. Car le pouvoir des consommateurs allant croissant, comme celui des distributeurs, il faudra plus pour exister que la simple ré-assurance. Sans compter le fait que les challengers essaient en permanence de contester, si ce n'est leur part de marché, mais la part d'intérêt des leaders, ce que les Anglais appellent « *thrill* » ou « *excitement* ».

Marques leaders et challengers

Sans audace voire brin de folie, il n'y aurait pas de marques challengers. Partant avec moins de moyens, sur des marchés où le leader représente l'évidence en termes d'achat, il faut du courage, de l'esprit d'entreprise et une motivation rare au sein du personnel. Du côté des consommateurs, il faut aussi de l'audace pour ne pas acheter précisément l'évidence, le leader du marché, à qui une large part du rayon est dévolue. Ne l'oublions pas, le leader définit les attributs-mêmes de la catégorie, *a fortiori* lorsqu'il l'a créée lui-même. Ainsi, qu'est-ce qu'un hamburger idéal pour la plupart des consommateurs : c'est le BIG MAC. Qu'attend-on d'un Cola ? Rien. Coke domine la catégorie donc façonne nos attentes. Peut-on être plus évident que le leader qui simplifie totalement la tâche du consommateur, comme d'ailleurs celle du distributeur ? Non, bien sûr.

C'est pourquoi, *les marques challengers n'ont pas d'autre échappatoire que de contester la pensée unique, de surprendre en remettant en cause l'évidence* :

- soit par exemple en créant leur propre marché dont elles deviennent alors le référent. Il fallut de l'audace aux États-Unis pour contester l'évidence Smirnoff, leader de la Vodka en développant un segment super-premium, 30 % plus cher. C'est ce que firent Finlandia et Absolut à sa suite, deux marques pourtant liées à des pays sans légitimité de pays à Vodka, aux yeux des consommateurs américains.

- soit aussi en encourageant la curiosité et le désir par l'expression d'une personnalité, d'une identité forte : ce fut le cas d'Apple face à Ibm. C'et le cas de Virgin Pulp, dopé par l'imaginaire provocatoire lié à la marque *Virgin*, et plus proche des jeunes en Europe que ne l'est désormais Pepsi-Cola. Cette dernière marque avait pourtant bien illustré en son temps la démarche de challenger face à Coca-Cola et la recherche d'une différenciation moins par le produit que par la personnalité (plus jeune). Hélas, dans notre pays elle s'est gâchée en devenant un simple support de promotion.

- soit enfin en dépassant le leader sur une facette centrale à la catégorie. C'est le cas de Burger King, dont le nom indique qu'il ne nourrit pas de complexes vis-à-vis de McDonald's et dont le produit phare (le Whopper) est un hamburger gastronomique qui rend tout Big Mac bien fade et triste. C'est aussi ce qu'essaye de faire dans le monde de la grande industrie Schneider Electric, le seul grand spécialiste mondial de l'électricité intégrateur de services, face aux évidences que sont les généralistes mondiaux Abb, General Electric ou Siemens.

Marques généralistes et marques spécialistes

Lorsque l'on examine la structure de la marque Danone[3], on constate que son noyau est constitué de deux produits, Danette et le yaourt nature. Cette marque a en fait deux

---

3. Jean-Noël Kapferer et Gilles Laurent, « *Comment les consommateurs perçoivent-ils les méga-marques* », Rapport de Recherche HEC, 1998.

prototypes. Or, chacun d'eux est un peu le contraire de l'autre. DANETTE évoque le plaisir, la gourmandise, l'absence de retenue et de contraintes, le sucre, la crème, la richesse en corps gras. Autant d'évocations qui sont absentes du yaourt nature, lui, totalement chargé de notions de santé, de pureté, presque zen.

C'est fondamentalement la mission des grandes marques généralistes de réconcilier les contraires, de permettre l'épa-nouissement en leur sein de styles de vie alternatifs. La grande marque est œcuménique, englobante, aimante, tolé-rante. DANETTE apporte son halo d'humanité au yaourt nature. Ce dernier fait que la consommation de DANETTE ne peut être foncièrement mauvaise.

En cela la grande marque généraliste est différente de la marque spécialiste qui elle a choisi son camp. CHAMBOURCY, c'était la gourmandise pure, avec son attrait mais aussi ses limites en termes d'ombrellisation donc de croissance. De même, WEIGHT WATCHERS, BJORG ou LA VIE CLAIRE, ont fait le choix d'être des marques plus étroites, spécialistes de la santé pure et dure.

4

Le produit
et la marque

LE MOT-CLÉ DE TOUS LES DISCOURS sur la marque aujour-
d'hui est celui de « valeur ». Chacun préconise de
clamer ses valeurs, de défendre ses valeurs, et de
citer VIRGIN, BODY SHOP, NIKE, ou, en France, YOP, par
exemple. L'engouement pour les valeurs aboutit à
rechercher toujours plus haut, dans l'immatériel,
la raison d'être d'une marque. Cette tendance a
plusieurs sources :

- La valeur se veut une réponse au discours ratio-
  naliste des marques de distributeurs, focalisées
  sur le rapport qualité-prix. La marque de distributeur propose un échange, la grande marque
  propose un don, un partage de valeurs aspira-
  tionnelles, au-delà même des fonctions du produit. S'enrober d'une valeur aspirationnelle, c'est
  trouver un pont avec la cible, un lien émotionnel
  qui ne se réduit pas à un problème d'ingrédients.
  C'est toute la différence aussi entre YOP et
  DAN'UP. YOP symbolise la liberté, DAN'UP rien.

• Le discours sur la valeur fondatrice de la marque joue sur l'amalgame avec « l'EVA », « l'economic value added », la création de valeur, autant de concepts-clés de l'analyse stratégique moderne.

La conséquence de cette emphase sur les valeurs est que les équipes marketing, poussées en cela par les agences de publicité, tendent à abandonner tout discours sur les justifications rationnelles de la consommation de leur marque. Par exemple, la communication de Yop ne parle plus que de fun, de liberté, de style de vie, voire de « provoc » ou d'impertinence. Yop ne décline plus que les facettes immatérielles de son identité. Cela est-il sain ? N'est-il pas fragilisant pour une marque d'abandonner tout ancrage rationnel, en l'occurrence ici celui de gourmandise saine, en particulier auprès des couches nouvelles de clients qui arrivent sur le marché.

Fondamentalement, l'oubli progressif de la facette rationnelle de l'identité par les managers tient au cycle de vie de la marque.

Le cycle de vie de la marque

Comme le montre la figure ci-après, la marque naît en général non comme une marque, mais comme un produit/ service nouveau dont les caractéristiques sont différentes de celles de la concurrence et pertinentes par rapport aux attentes de la cible. Pour pouvoir devenir marque, il faut d'abord faire ses preuves en tant que produit. Au tout début de la vie de la marque NIKE, Phil Knight ne rencontra pas les acheteurs de la distribution en leur parlant de valeurs, de dépassement de soi, mais de l'exceptionnelle qualité de ses chaussures et de leur soutien non moins exceptionnel de la voûte plantaire. De même, lorsque l'on interroge les consommateurs, NIKE ce n'est pas d'abord l'Amérique ou l'idéal individualiste de la réussite, mais ce sont des chaussures qui ont telle ou telle caractéristique qui les rend uniques et désirables. Pour le consommateur, l'existence précède l'essence : c'est vrai historiquement (le premier contact se fait sur les rayons, parmi d'autres produits) et psychologiquement. Dans sa description des marques, le consommateur va du concret vers l'abstrait, du matériel vers l'immatériel, du produit à l'image.

Avec le temps, donc l'accumulation des impressions publicitaires, du parrainage des vedettes choisies par NIKE, cette marque s'est enrichie de suppléments de signification qui la rendent non seulement unique et supérieure mais spéciale ; c'est-à-dire insubstituable. C'est la partie émotionnelle de la marque qui contribue à ce caractère spécial.

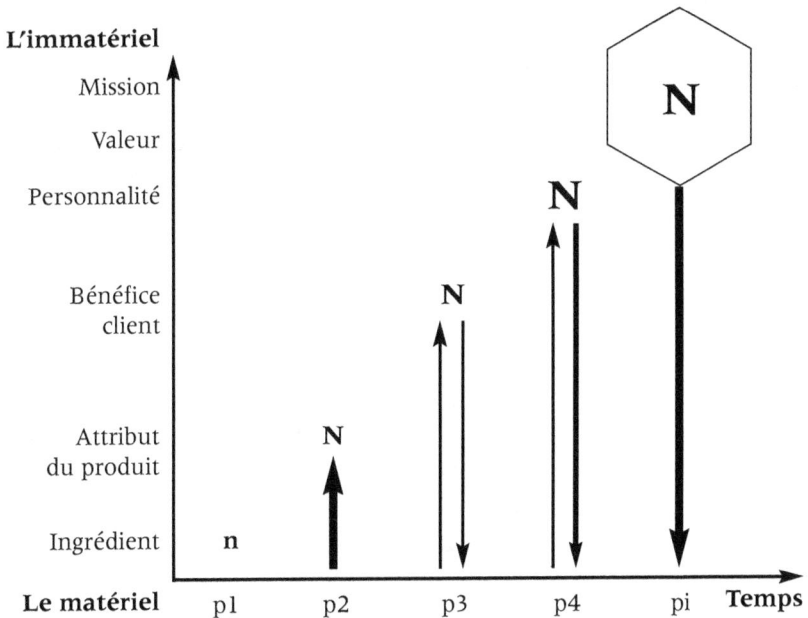

**Le cycle de vie de la marque :
du matériel vers l'immatériel**

Ainsi, au tout début, le produit porte la marque. Avec le temps et le renouvellement des produits (concurrence oblige), la marque tente de monopoliser les valeurs constitutives de sa catégorie en les façonnant à son image. YOP a fait du yaourt à boire un signe d'impertinence et de liberté. DAN'UP n'était qu'un yaourt à boire.

C'est pourquoi, au fur et à mesure du cycle de vie des marques, le rapport entre marque et produits s'inverse.

L'identité de la marque s'enrichit de toutes ses facettes, au-delà du physique de la marque : quelle est sa personnalité ? Quelles sont les valeurs qui l'animent ? Quel est le reflet de son consommateur-type ? L'erreur est de croire que cet enrichissement veut dire substitution. C'est pourquoi les équipes marketing ont tendance à s'impliquer presque essentiellement dans la communication des valeurs immatérielles. Par exemple, chez YOPLAIT, PETIT FILOU fut positionné à son origine comme la marque de la croissance. Aujourd'hui sa publicité ne parle plus que de « grandir rigolo ». Exit le calcium et la croissance. On a oublié cet attribut tangible, matériel. Il faudra bien y revenir et le redire. En effet, d'une part le concurrent GERVAIS, lui, le dit, ce qui pénalise PETIT FILOU en le décrédibilisant, les études d'image en témoignent. Bien plus grave on oublie les nouvelles mamans.

En effet, dans tous les marchés visant les mères et les jeunes enfants, le renouvellement de la clientèle est fréquent. Or, à se cantonner dans l'immatériel, on oublie que le travail doit être recommencé presque à zéro sur les mères nouvelles. Celles-ci doivent être re-séduites : le cycle de vie de la marque doit être reconstruit sur ces nouvelles clientes qui ne savent pas que PETIT FILOU est du concentré de croissance.

De même, pour revenir à YOP, l'absence d'ancrage rationnel peut être fragilisant en termes d'extensions de marque. Il enferme YOP dans un geste, une provocation, une consommation liquide au goulot. Un YOP solide ne serait plus Yop selon cette acceptation. Il en va de même de ZAP : après avoir dit que c'était drôle de manger sans cuillère, que dit-on ? Comment dans le long terme justifier de consommer ZAP de YOPLAIT ? Pour résumer, l'immatériel ne devrait pas se substituer au matériel, comme c'est trop souvent le cas, mais l'enrichir.

Retour sur l'identité de la marque

Les exemples ci-dessus nous rappellent que, même si les managers de la marque ne parlent plus que d'immatériel, de valeurs et de fonds de marque, le consommateur définit souvent l'identité de la marque par des attributs très concrets, palpables, tangibles.

PERRIER serait-il encore PERRIER sans ses grosses bulles et sa bouteille ? NESTLÉ aimerait bien réduire la force des bulles : cela permettrait de boire plus facilement deux ou trois verres d'affilée, donc ouvrirait des perspectives de volume pour l'instant bloquées . Mais toucher aux bulles n'est-ce pas toucher à l'identité ? LA VACHE-QUI-RIT évoque en France une texture molle. Imagine-t-on une VACHE QUI RIT solide ?

On ne doit donc jamais oublier que les éléments fondamentaux en termes d'identité de marque et de raison d'achat sont en partie physiques.

Même quand il achète une PORSCHE pour prouver qu'il a réussi dans la vie, le consommateur veut rationaliser son choix en termes physiques : quelle vitesse, quelle puissance, quelle tenue de route, quel bruit, quel look ? D'ailleurs, quand Porsche vendit des voitures qui ne ressemblaient pas au « packaging » traditionnel de la 911, et qui n'avaient pas le moteur à l'arrière, ou ce bruit caractéristique des 911, les consommateurs décrétèrent que ce n'était pas une PORSCHE.

Comment savoir quels sont les attributs qui constituent l'identité, le noyau invariant de la marque. Les études d'image ne nous renseignent guère. C'est une erreur de croire que les traits les plus attribués sont tous identitaires.

Pour savoir si un attribut fait ou ne fait pas partie de l'identité, il faut demander aux consommateurs si la marque reste elle-même lorsque cet attribut est absent : un PERRIER aux bulles fines et légères est-ce encore PERRIER ? Une moto qui n'a pas ce bruit caractéristique, est-ce toujours HARLEY-DAVIDSON ? Cette approche fut développée par un psychologue travaillant sur les représentations sociales et la formation des images, Salomon Asch, en 1948. D'inspiration Gestaltiste, il cherchait à isoler les traits qui contribuent le plus à la représentation globale d'une personne : ceux-ci constituent le noyau central. Les autres sont des traits périphériques flexibles. Asch a ainsi montré que l'image d'une personne ne se bâtit pas en additionnant des traits mais à partir de certains d'entre eux, qui engendrent la perception de l'ensemble. Ils ont donc une fonction génétique.

Chaque marque aussi devrait connaître les éléments dont est fait son noyau : à notre connaissance, c'est loin d'être le cas. Pourtant les méthodologies sont connues de longue date.

Quel contrat pour les marques de distributeurs ?

La marque, on le sait, peut être comparée à un contrat implicite. De fait elle fonctionne ainsi auprès des consommateurs. Ce contrat non écrit mais rescellé à chaque occasion d'achat lie l'entreprise. On ne saurait en effet attendre une fidélité des consommateurs sans soi-même s'engager. La marque donne des droits mais aussi des devoirs.

On doit néanmoins s'interroger sur la différence entre les contrats propres aux marques de fabricants, de distributeurs et aux produits génériques ou premier prix. Ils sont d'une nature très différente.

Le contrat implicite attaché aux produits premier prix ou génériques est un contrat quantitatif. Il s'agit d'en donner le plus pour le moins : plus de kilos, plus de litres, plus de mètres, plus de sardines, plus de tranches de jambon... pour un prix toujours plus bas. Ce faisant, leur succès en atteste, il se crée un lien affectif fondé sur le sentiment d'être enfin compris. Le produit premier prix comprend le consommateur : ce dernier a parfois envie d'acheter alors qu'il n'a pas d'argent. Par exemple, à Noël, il veut lui aussi accéder au foie gras, au saumon. Il veut lui aussi pouvoir acheter un whisky écossais ou un champagne. Le produit premier prix lutte contre l'exclusion de la consommation quotidienne, celle qui dénie le droit d'accès à la catégorie, sous prétexte que le consommateur n'aurait pas assez d'argent.

Le produit premier prix comprend aussi la logique situationnelle du consommateur : selon les situations nous sommes plus ou moins impliqués dans la catégorie de produit. N'est-il pas excessif d'acheter des boissons à l'orange de marque lorsque l'on fait une fête pour une vingtaine de bambins ? Ne vaut-il pas mieux réduire les coûts de la fête et faire plus de fêtes ?

Le produit générique comprend mieux que tout autre les logiques collectives : celles des familles nombreuses, celles des groupes, des collectivités, des cantines, des petites fêtes informelles aussi.

La marque de distributeurs dite « marque-enseigne » fonctionne sur un autre registre : celui du rapport qualité/prix. Sous-entendu, dans son contrat, il y a une démarche de recherche de fournisseurs (parfois des PME locales), sur la base d'un cahier des charges précis : essayer de faire aussi bien que la marque nationale, mais bien et moins cher. Par exemple, SENOBLE est ainsi devenu le troisième fabricant français de yaourts : il se spécialise dans le yaourt de distributeurs et fournit leurs marques-enseignes. La marque de distributeur correspond à une volonté de changer l'ordre de la consommation : elle propose de substituer à la séduction des marques l'adhésion à une seule, transversale (multi-catégories de produits). Partout où il y a l'oiseau d'AUCHAN, là se situerait le bon choix, le choix rationnel, de consommateur « éclairé ». La marque d'enseigne propose une relation de confiance : je fais le bon choix pour vous, je suis donc votre bon choix. Ceci explique que la marque de distributeur puisse s'étendre dans tant de catégories de produits, ou même de services. Sa légitimité n'est pas dans le savoir-faire mais dans le service rendu.

Quant à la marque dite du « troisième type », telle que REFLETS DE FRANCE, marque exclusive de l'ancien Groupe PROMODÈS, elle s'apparente plus au contrat des marques de fabricants. *Elle s'adresse en effet à un consommateur impliqué, cherchant non à simplifier ses choix, mais à bonifier son quotidien.* REFLETS DE FRANCE fonctionne comme une marque collective de PME fabricantes dont aucune séparément n'a les moyens de la marque, mais qui, ensemble, en ont potentiellement les produits. Il a fallu l'intervention d'un distributeur pour à la fois garantir l'accès aux rayons des hypermarchés et supermarchés (qui sans cela est pratiquement interdit désormais aux PME) et surtout amener plus de 100 PME sous une ombrelle et un cahier des charges communs.

Le contrat de marque de fabricant est un contrat spécial. Parce que la marque forte possède, outre un produit et un service performants, un véritable imaginaire de marque, une symbolique, sa consommation est autant celle du produit que du symbole. Nous consommons son identité dans toutes ses facettes :

- le physique de la marque, son produit, sa performance, ses services associés ;

- sa personnalité, portée ou non par une icône de marque qui en dope le potentiel symbolique ;

- ses valeurs (boire VIRGIN c'est plus que boire un cola) ;

- la relation proposée (dans le cas VIRGIN, une relation de libération).

Nous bâtissons enfin notre propre identité à travers les deux dernières facettes du prisme de l'identité de marque : le reflet (vis-à-vis de l'extérieur) et la mentalisation (qui valorise notre *self-concept*).

L'identité de marque accroît l'intensité du lien, lui donne une profondeur émotionnelle. Elle n'excuse pas une défaillance du produit mais tend à rendre la marque moins substituable. Une marque forte doit être unique, supérieure et spéciale. C'est l'identité de marque qui bâtit ce caractère « spécial ». C'est ainsi que YOP est la marque culte des jeunes, avec désormais 86 % du marché.

C'est pourquoi aussi, dans leur lutte contre les marques de distributeurs, les marques de fabricants ne doivent pas se laisser embarquer dans de simples comparatifs sur le produit. Accepter ces comparatifs, c'est accepter la réduction de la marque à un produit, à des attributs fonctionnels. Si la marque ne doit jamais abandonner la recherche d'un avantage sur une dimension du produit, elle ne doit pas en revanche se réduire elle-même à ce seul avantage. Il ne manquera pas de toute façon de concurrents pour le faire ou de tableaux comparatifs dans la presse ou dans des sites portails sur internet. Le symbolique lui ne rentre pas dans les tableaux comparatifs : il est facteur d'insubstituabilité.

Encore faut-il se doter d'une identité forte dans toutes ses facettes. C'est ce qui fait que maints médicaments ne sont pas des marques. Pour les laboratoires pharmaceutiques, tout médicament se réduit à sa molécule. Toute construction d'une valeur ajoutée qui, loin de se substituer à la supériorité du produit, lui donnerait une identité plus forte, plus de résonance, est encore rare. Certains médicaments sont devenus des marques presque par hasard, ou contre leur volonté, lors d'une crise médiatique mal maîtrisée : c'est le cas du PROZAC par exemple, dont la presse a fait un symbole de la nouvelle société.

Transparence et opacité

Compte tenu de la nature de son contrat implicite, la marque de fabricant doit trouver le juste équilibre entre transparence et opacité dans sa communication. Ce n'est pas un hasard si les grandes marques préservent à tout prix leur recette secrète (COCA-COLA par exemple) et si d'autres, pour ne pas être réduites à une simple formule (12 % de pulpe pour ORANGINA) ont précisément complexifié leur formule. D'une façon générale, chaque fois que le produit devient « transparent », la marque s'affaiblit. Par transparence, on entend le fait que les signes de la qualité sont accessibles aux consommateurs : cela réduit alors la sphère d'insubstituabilité de la marque.

C'est toute la différence entre le marché des jus de fruits, où les marques sont faibles face aux marques de distributeurs, et les *soft drinks* où les marques sont fortes. Pourtant, un *soft drink*, ce n'est guère plus que de l'eau, du sucre, des bulles et des extraits végétaux. Toute la différence tient à l'opacité. Les *soft drinks* sont totalement opaques : qu'est-ce que SPRITE ? Comment le réduire à une formule, à un produit ? On ne peut pas. En revanche, PAMPRYL est un jus d'oranges de Floride ou du Maroc ou d'Israël, fraîchement pressées, à base de concentré, dans une bouteille en BAREX. Aucun de ces attributs n'est propriété de PAMPRYL. Sa qualité est donc totalement objectivée et imitable : demain CARREFOUR peut faire produire l'équivalent. Quelle est alors la valeur ajoutée de la marque face à CARREFOUR, aux yeux des consommateurs ? Il en va différemment de COCA-COLA face à CARREFOUR COLA.

La difficulté opérationnelle est que, si trop de transparence nuit, un excès d'opacité freine parfois les consommateurs : lors du relancement de la catégorie des infusions (jusqu'alors boisson pour personne âgée ou malade), UNILEVER créa la marque SAVEURS DU SOIR autour du concept de séduction portée par une innovation faite de mélanges subtils. Avec le temps, et la sensibilité croissante des consommateurs sur le plan alimentaire, ceux-ci ressentirent un malaise devant la non définissabilité des produits de Saveurs du Soir (tels que Infusion du cap indien). Il fallait donc rendre plus transparente la définition du produit lui-même, ce qui aboutit en fait à réduire la part d'alchimie de la marque et à la rapprocher des concurrents qui, tels l'Éléphant, proposent des tisanes simples aux parfums bien identifiés (aux fruits rouges).

L'équilibre entre opacité et transparence se construit donc chaque jour, par touches successives. Il arrive que des catégories entières basculent dans l'excès de transparence. Il en va ainsi des vélos. Même si chacun peut citer des marques, Peugeot, Raleigh, Gitanes, Mercier, celles-ci sont désormais minoritaires dans notre pays face aux vélos signés Décathlon, Go Sport, Nakamura (Intersport) ou Micmo (la marque des hypermarchés). Il est vrai que toutes ces marques s'équipent en dérailleurs chez Shimano et y font référence dans leurs publicités et sur leurs produits. Le signe majeur de la qualité étant à la fois transparent et commun à tous, on comprend que le prix devienne alors le critère discriminant. Seule la marque américaine Cannondale a défendu son identité en refusant tout *co-branding,* ne laissant aucune marque apparaître autre qu'elle-même sur ses vélos. Il en va de même d'Apple alors que la plupart des autres marques de micro-ordinateurs annoncent la qualité de leur micro-processeur Intel, commun à tous, donc égaliseur de différences entre marques. Il est alors facile à Carrefour de faire assembler des PC à partir de composants à marque très connue.

5

Marque
ou pas marque ?

L'INTÉRÊT POUR LA MARQUE ne doit pas aveugler. Même si, dans le vocabulaire courant, le mot marque semble l'emporter sur tous les autres termes ou facettes du marketing, on ne saurait soi-même en être hypnotisé. Aujourd'hui tout le monde veut une marque, comme si c'était la panacée du management moderne. Marque ou crève pourrait-on dire. N' y a-t-il pas là un excès ?

La marque ne remplace
pas le marketing

La marque pénètre régulièrement des milieux nouveaux au-delà de la grande consommation : la grande industrie, l'industrie chimique, les services publics, le tourisme. Mais les questions posées par les nouveaux venus à la marque sont révélatrices d'une confusion, si ce n'est d'une illusion. Pour ceux-ci marquer est avant tout un acte de communication : marquer, c'est enfin exister. D'où la focalisation sur les signes, logos, noms et sur les budgets de communication. Or, rappelons-le, marquer c'est d'abord attacher à un signe (nom, etc.) une proposition de valeur. La véritable question à poser devrait donc être : quelle valeur ajoutée voulons-nous attacher à notre nom ? D'où la cascade de questions qui procèdent du marketing : auprès de qui est-ce une valeur ajoutée ? Quels sont les faits indiquant que ces personnes valorisent vraiment cette proposition ? Est-elle défendable face à la concurrence ? A-t-on les ressources de sa mise en œuvre durable. Comme on le voit, le préalable de la marque est le « produit », avec ses composantes tangibles et intangibles. Celui-ci peut déjà exister dans les faits, alors la fonction de la marque est de le révéler. Mais le plus souvent ce n'est pas le cas. Il reste donc à définir cette proposition et à la délivrer dans les faits. Ceci est bien plus dur que la communication elle-même.

Quel retour sur investissement ?

Dans tous les secteurs concurrentiels, la question posée froidement, et d'ailleurs justement, par les directions générales porte désormais sur le retour sur investissement d'une politique de marque. Celle-ci a un coût certain et un retour incertain. Les données de notoriété, d'image, d'attitude n'émeuvent plus à l'heure de l'EVA et de l'actionnaire-roi. Il est vrai que toutes les grandes marques désormais supprimées par leur entreprise étaient très connues la veille de leur décès (TALBOT, NASHUA, UAP, CHAMBOURCY, OLIDA, L'ALSACIENNE, GERVAIS...). Il faut donc prouver que ces indicateurs peuvent encore produire de la valeur, mais cette fois-ci pour l'entreprise. Par exemple, pour évaluer la marque ONYX, fédératrice de ses entreprises de collecte et de traitement des déchets dans le monde entier, VIVENDI attend que l'on estime ce que représentent ces indicateurs en termes de supplément d'appels d'offres où l'on est consulté, ou d'amélioration du taux de succès à ces mêmes appels d'offres, ou de rétention des concessions, etc.

À quel niveau situer la marque ?

Certaines entreprises restent volontairement cachées derrière leurs marques : PROCTER & GAMBLE est de ce fait peu connue des consommateurs, mais ses marques sont plébiscitées (ARIEL, TIDE, DASH, PAMPERS, ALWAYS, MR. PROPRE, PANTÈNE...). La proposition de valeur est communiquée au seul niveau du produit. L'informatique et le high-tech communiquent au contraire au niveau de l'entreprise dont la crédibilité et l'expertise font de son nom la marque. Ces différences soulignent le choix stratégique majeur que chaque entreprise doit faire : celui du niveau optimal où situer la marque pour capturer la valeur, donc le profit.

Par exemple, faut-il développer la notoriété d'ASTRA, le satellite développé par la CLT, et à travers lequel le public reçoit les images numériques de CANAL SATELLITE ? Est-ce créateur de valeur ajoutée, donc susceptible de peser sur les préférences des clients finaux ? Au contraire, l'essentiel de la valeur ne réside-t-il pas aujourd'hui dans les services associés à CANAL PLUS ou à TPS et ce serait donc à ce niveau, là seulement qu'il faut situer les marques. Ou bien enfin n'est-il pas temps de bâtir de véritables marques de chaînes comme MUZZIK, ODYSSÉE, EUROSPORT ? Tous les opérateurs d'une chaîne de valeur ont-ils vocation à être marque, c'est-à-dire à investir pour devenir le signe d'une valeur ajoutée recherchée. Non bien sûr. Tout dépend de ce qui, aux yeux des consommateurs, est valeur ?

Pour reprendre l'exemple ci-dessus, où situer la marque ?

- Est-ce au niveau de l'assembleur, le collecteur de chaînes autour d'un certain concept, symbolisé par exemple chez Canal Plus par ses émissions notoires, stratégiquement non cryptées, telle « Nulle part ailleurs » au nom porteur d'une double promesse (l'unicité de CANAL PLUS, et l'humour critique distancié typique de cette chaîne) ?

- Est-ce au niveau de la chaîne, telle DISNEY CHANNEL ou CNN, indispensables dans un bouquet qui se veut complet ?

- Est-ce au niveau du support technique, en l'occurrence le satellite, celui qui permet la multiplication des chaînes numériques, demain l'internet par satellite, et l'interactivité totale ?

La question doit être abordée à la lumière de l'évolution probable des bouquets qui, à l'instar des États-Unis, n'ont plus d'exclusivités sur des chaînes. L'intérêt de DISNEY CHANNEL n'est pas réductible à celui de SKY TV ou de CANAL PLUS exclusivement. TPS y accédera bientôt donc.

Le problème du niveau auquel on doit situer la marque dans la chaîne de valeur est véritablement stratégique car les enjeux à long terme sont considérables, comme les investissements, mais les retours risqués. Les paramètres à prendre en compte sont d'ailleurs ceux de l'analyse stratégique moderne[1] : nature durable de l'avantage concurrentiel, taille du marché, nature des nouveaux entrants, analyse de la migration des zones de profit liée à l'évolution des clients.

Il faut en matière de choix du niveau éviter tout narcissisme : certes les organisations sont heureuses que l'on parle d'elles mais est-ce source de valeur ? À quoi cela servirait-il de développer la notoriété de TDF auprès du grand public ?

Ces questions de niveau de marque ne concernent pas uniquement les opérateurs de service, mais même l'industrie agro-alimentaire, découvreuse récente de l'intérêt stratégique des marques d'ingrédients, c'est-à-dire le niveau infra-produit.

L'attrait nouveau des marques d'ingrédients

Chacun a entendu parler peu ou prou de LC1, la marque lancée par CHAMBOURCY-NESTLÉ en 1994 pour répondre à la vague montante des produits diététiques, et en particulier les produits ultra-frais au bifidus. Le marché avait été ouvert par B'A en 1986 (du nom de bifidus actif) par la Laiterie SAINT HUBERT, puis récupéré à son profit par DANONE avec BIO et force moyens publi-promotionnels. En 1994, Nestlé va au-delà

1.Adrian SLYWOTZKY, *La Migration de la valeur*, Village mondial, Paris, 1998.

de la diététique et revendique une action réellement médicale du produit alimentaire. La firme ambitionnait de lancer de vrais aliments-médicaments grâce à la puissance de son centre de recherches, le CRN (Centre de Recherche de Nestlé) qui emploie 350 chercheurs de 35 nationalités différentes. Lc1 était le premier à revendiquer l'appellation d'aliment fonctionnel. Il ne se contentait pas d'améliorer le transit intestinal, il prétendait prévenir les maladies en renforçant le système immunitaire de l'organisme.

Lc1 est en fait basé sur un nouveau type de ferment lactique, différent des bifidobactéries de B'A ou Bio. La souche Lc1 (Lactobacille Acidophile 1) fut sélectionnée parmi 3 500 souches de la banque de ferments du CRN après quatre ans de travaux. Comme le disait le slogan de la publicité : « Lc1 aide votre propre corps a se protéger ».

Les résultats du lancement furent décevants : de nombreux audits recommandèrent de modifier qui le positionnement, qui le packaging, qui l'exécution publicitaire. En réalité, le problème aurait dû être posé à un autre niveau. Fallait-il lancer Lc1 comme une marque de produit, avec une gamme, ou n'eût il pas été plus avisé de lancer Lc1 comme une marque d'ingrédient, c'est-à-dire le niveau en dessous.

L'industrie chimique et pharmaceutique est devenue maîtresse dans l'art des marques d'ingrédients. Tous les grands de la chimie fabriquent de l'élasthane, cette fibre artificielle source d'élasticité pour le textile. Une seule entreprise a différencié son élasthane au point d'en faire un signe indispensable de la qualité, sans lequel un vêtement ne paraît pas moderne, souple, élastique et à la mode : Du Pont de Nemours. Aucun fabricant de textile haut de gamme ou mode ne peut se passer de l'étiquette Lycra. Pour éviter d'en payer le prix (plus élevé naturellement car porteur de valeur ajoutée), Dim pensa pouvoir s'en priver mais dut y revenir : les consommatrices attachent trop au Lycra le rôle de label de qualité (comme Woolmark d'ailleurs) et de *glamour*.

Peut-être aurait-on du prendre le temps et faire de Lc1 ce que Lycra est devenu. Cela impliquait une stratégie de diffusion du Lc1 au sein des marques existantes du portefeuille, dans toutes les catégories possibles. Cela impliquait aussi de faire de Lc1 un centre de profit, capable de vendre à tous les grands de l'agro-alimentaire qui le désireraient. Les profits auraient été bien plus considérables, à la fois pour l'image et le besoin de reconnaissance de NESTLÉ dans les cercles médicaux, nutritionnels, mais aussi pour les marques hôtes et enfin pour l'équation économique du système.

Il suffit de regarder l'approche de MONSANTO pour comprendre les énormes potentialités que renferme la marque d'ingrédient, plutôt que le marketing traditionnel d'une marque-gamme. MONSANTO est l'inventeur d'un édulcorant de synthèse, qui a reçu le nom scientifique d'ASPARTAM. C'est le nom de la molécule. MONSANTO vend cette molécule à toutes les entreprises agro-alimentaires qui le souhaitent sous la marque NUTRASWEET. En effet, un jour, les brevets de l'Aspartam tomberont dans le domaine public. Mais la valeur est désormais attachée à la marque commerciale NUTRASWEET. Elle est donc dissociée du destin prévisible d'ASPARTAM. En troisième lieu, MONSANTO a lancé sa marque grand public mondiale CANDEREL, concurrente des autres « sucrettes » du marché. Ce modèle aurait pu être suivi par Lc1. Nul doute que cette expérience aura été méditée à Vevey.

Changer de niveau ?

Souvent, les marques qui se sont situées avec succès au niveau d'un ingrédient peuvent être tentées de changer de niveau stratégique en marquant le produit global. Ainsi, les repreneurs de LOOK, la marque réputée pour les pédales automatiques de vélos, ont annoncé leur intention de lancer une ligne de vélos à leur nom. À moins qu'il ne s'agisse d'un acte de communication, aussi appelé produit d'image (comme RENAULT qui vend désormais des vélos à son nom chez ses concessionnaires pour accroître la proximité de la marque avec toute la famille), cette démarche est pleine de dangers car elle fait passer LOOK dans un autre marché, où la situation concurrentielle est bien différente et les perspectives de profit tout autres.

LOOK comme SHIMANO sont devenus, à l'instar de LYCRA ou d'INTEL, des signes de la qualité reconnus sur le plan mondial. Un vélo équipé de dérailleurs SHIMANO a d'emblée une connotation de qualité auprès des clients du monde entier. SHIMANO est leader mondial incontesté d'une niche : la majorité des marques de vélo achètent SHIMANO (les autres achetant les dérailleurs du second mondial, CAMPAGNOLO). Toutes les marques de distributeurs qu'il s'agisse de MICMO, de DÉCATHLON ou des vélos de WAL MART signifient leur parité vis-à-vis des « grandes marques » en mettant en avant le *co-branding* des marques mondiales d'ingrédients (pneus MAVIC, dérailleurs SHIMANO, pédales LOOK) qui équipent leurs vélos, tout en étant 30 % moins chères.

Quel intérêt aurait SHIMANO à quitter la domination mondiale de sa niche[2]. MAVIC, la référence des roues de compétition, désormais filiale d'ADIDAS-SALOMON, ne s'y est pas trompée. La valeur ajoutée de l'ingrédient serait dissoute dans le prix du produit global (vélo), face à d'autres vélos présentant la même marque d'ingrédient mais bien moins chers et portés par les circuits les plus dynamiques de la distribution locale. En France, par exemple, un vélo sur deux est acheté dans une grande surface alimentaire (hypermarché), 30 % l'est dans une grande surface spécialisée de type DÉCATHLON. Or ces deux circuits distribuent leur propre marque. Toutes les « fameuses » marques PEUGEOT, GITANES, MERCIER, RALEIGH, CANNONDALE, etc. se retrouvent en concurrence sur 20 % du marché seulement. Quand on connaît les plans d'expansion internationale de DÉCATHLON en Europe on peut s'attendre à ce que ce profil de distribution s'étende même là où, tels dans les pays nordiques, la distribution de proximité représente encore 80 % des ventes, compte tenu de la valorisation du service.

Dans la vie des marques, le problème du choix du niveau se pose en général sous forme de questions sur l'extension de marque, aussi n'est-il pas reconnu comme tel. Pour une marque comme AMORA par exemple, passer de la seule moutarde au vinaigre puis au ketchup, c'est changer de niveau : on cesse d'être la marque d'un produit pour devenir la marque d'un univers plus large, celui des aides alimentaires et culinaires, reliées à la gastronomie, unies par la force du goût. De même, McCain ne signifie ni frites surgelées, ni pizzas, ni buns, ni thé glacé, mais cuisine et plats américains, généreux, simples, ludiques, informels. C'est une marque qui règne sur plusieurs catégories de produits, du fait du niveau où elle a décidé de concourir. C'est à ce niveau que la marque a voulu situer sa concurrence désormais : c'est là qu'elle pense jouir du meilleur avantage concurrentiel, vis-à-vis des distributeurs comme des consommateurs. Le choix du niveau doit en effet être gouverné par cette seule préoccupation.

6

La fin des marques locales ?

L'ANNONCE RÉCENTE FAITE PAR UNILEVER de son désir de supprimer les trois quarts de ses 1 400 marques d'ici trois à cinq ans ne doit pas surprendre. Avec le temps, toutes les entreprises ont tendance à voir grossir le nombre de leurs références, de produits dans leur catalogue. Il existe toujours une bonne raison, locale en général, pour satisfaire tel distributeur en lançant une variante nouvelle. Cette pratique ne peut résister au management moderne. Le distributeur, désormais bien informé sur les rotations, n'a aucun état d'âme à supprimer les marques qui ne satisfont pas ses critères de rentabilité. L'annonce d'UNILEVER entérine ou anticipe sûrement ce processus. Cependant, si l'on pousse l'analyse plus profondément, la décision d'UNILEVER n'annonce-t-elle pas la fin d'un modèle de gestion des marques, dit multi-domestique, qui semblait jusqu'alors différencier UNILEVER mais aussi NESTLÉ de leur grand rival PROCTER & GAMBLE ?

En effet, depuis plusieurs années, PROCTER a résolument pris le parti des marques globales et volontairement éliminé toutes ses petites marques locales avant de s'attaquer aux marques locales fortes qui, bien que leaders de leur catégorie dans un marché géographique donné, souffraient aux yeux de l'organisation d'une tare indélébile : « ce sont des marques locales ». Il est vrai que dans la recherche du meilleur rendement des investissements, l'homogénéisation trans-frontières des produits et marques produit de substantielles économies. Par exemple, on n'imagine pas combien est coûteuse la prolifération des formats et types de packaging d'un pays à l'autre. De telles économies sont bien utiles face à la grande distribution concentrée et elle-même globale, toujours plus gourmande. Au modèle de la globalisation s'opposait le modèle multi-domestique dans lequel la R&D est commune mais son expression au niveau des produits, des bénéfices consommateurs, s'adaptait un peu aux attentes locales soit via une marque commune (aux caractéristiques optimisées localement), soit via des marques différentes (mais très connues localement). Les exigences toujours croissantes des actionnaires et de la distribution concentrée conduisent les entreprises à la réduction des coûts, par la simplification des process et la mise en commun des ressources : de ce point de vue, la désegmentation réduit les coûts. Toute optimisation locale a elle aussi un coût, celui de l'adaptation. On peut penser que la pression de la grande distribution sur les prix et les marges, jointe à celle de l'actionnaire, va laminer le souci des différences locales et accentuer la globalisation des produits et marques. N' y a-t-il plus de place pour les marques locales ?

L'empire contre-attaque

En 1998, quel fut en Russie l'un des plus grands succès en termes de lancement de nouveau produit ? Est-ce le lancement d'une de nos grandes marques internationales ? Non, ce fut le lancement d'une nouvelle marque de cigarettes,

Yava Gold, par British American Tobacco, le challenger de Philip Morris pour la domination mondiale du marché du tabac. BAT aurait pu lancer l'une de ses nombreuses marques mondiales. Non, il lança une marque locale.

Plus intéressant encore fut l'axe du positionnement retenu : la fierté nationale, qui s'exprime par le thème de la publicité : « l'empire contre-attaque ». Il ne faut pas voir ici une référence à la saga de la guerre des étoiles mais simplement un hymne à la fierté de la grande Russie. Yava Gold propose aux fumeurs russes une nouvelle cigarette, aux standards de qualité internationaux, mais ne signifiant pas l'abandon de l'identité nationale au profit d'une culture globale. Yava Gold préfigurait Vladimir Ploutine
En Tchéquie, Danone débuta son implantation grâce aux yaourts Danone. Puis, on lança les biscuits Danone. L'expérience fut arrêtée au bout de quelque temps. Danone fit machine arrière et décida plutôt de faire de la marque locale Opavia une grande marque locale, à qualité européenne. En Russie, la marque de biscuit de Danone s'appelle Bolchevik. Mais ne nous méprenons pas, les consommateurs russes ne font pas de l'achat de cette marque le signe d'un attachement nostalgique au soviétisme. Pour eux Bolchevik fait désormais intégralement partie de leur histoire, au même titre qu'un consommateur de cognac Napoléon se sent en familiarité historique, sans pour autant être un bonapartiste dans l'âme.
Quel est le lien entre tous ces exemples ? Dans les pays émergents, les consommateurs veulent accéder à la qualité certes, mais en tant que personnes, ils sont aussi contents d'être fiers. Ils n'attendent pas forcément nos marques comme le messie. Ceci tranche avec un des non-dits de la globalisation des marques.

Globalisation ou occidentalisation ?

Au debut de 1996, le magazine *The Economist* dressait ainsi le portrait de la Chine du futur :

« En 2006, les Chinois les plus aisés se reveilleront le matin, se laveront les cheveux avec un shampooing de PROCTER & GAMBLE, se brosseront les dents avec COLGATE, et en ce qui concerne les Chinoises, elles se mettront du rouge à lèvres REVLON. Leur TOYOTA bloquée dans un embouteillage, ils allumeront une MARLBORO, elles jetteront un coup d'œil à la version chinoise de ELLE, chercheront au fond de leur sac leur téléphone MOTOROLA pour appeler leur secrétaire au bureau. Arrivées à ce dernier, elles ouvriront une bouteille de PEPSI avant d'ouvrir leur COMPAQ et de travailler sur WINDOWS. »

Il est possible qu'en ce qui concerne la haute-technologie, le progrès ne puisse désormais venir que des entreprises mondiales. Faut-il en déduire que toutes les marques préférées seront globales ? Pour le rédacteur de l'entrefilet ci-dessus, l'hypothèse est que les produits des entreprises multi-nationales sont de meilleure qualité que ceux de leurs concurrents Chinois, et en plus soutenus par un marketing bien plus professionnel. Plusieurs remarques peuvent être faites à cet égard :

• ce qui est peut-être vrai de la Chine ne l'est pas de l'Inde où l'économie a produit des équivalents de la plupart de nos produits de grande consommation pour un énorme marché intérieur, à un prix adapté au niveau de vie local (la médiane des revenus y est de 833 dollars/an,et près de 700 millions d'Indiens sont non-consommateurs absolus), avec en plus, souvent, une meilleure adaptation du produit lui-même aux us et coutumes locales ;

• ce qui est vrai du produit ne l'est pas *ipso facto* de la marque. Ne l'oublions pas, ce que nous appelons de l'extérieur une « marque locale », est perçu en Inde comme une marque indienne, c'est-à-dire une marque qui fait partie de la vie quotidienne de ce pays, très proche de soi depuis toujours, une propriété collective de la communauté, un liant. Les entreprises multinationales doivent certes hausser le niveau qualitatif mais ce peut être via le support affectif de marques dites locales. Une marque locale indienne, visant 300 millions de consommateurs potentiels indiens vaut bien par la taille de ce marché nos marques européennes. En plus, leur compréhension des ressorts psychologiques de

la consommation est infiniment supérieure : la consommatrice de Calcutta prendra-t-elle COLGATE ou VICCO
VAJRADANTI (pâte dentifrice fondée sur la médecine ayurvé-
dique), choisira-t-elle REVLON ou les rouges à lèvres LAKMÉ ?
Les voitures TOYOTA ou plutôt MARUTI, bien moins chères ?

• bien des marques « locales » ont un nom international et
ne sont donc pas perçues comme locales. MOULINEX a
racheté au Brésil le leader « local » (rappelons qu'il y a près
de 200 millions de consommateurs) en matière de ventilateurs et de traitement de l'air : il s'appelle MALLORY. Les
Brésiliens connaissent MALLORY depuis toujours mais en
déduisent-ils que la marque est limitée à leur pays ? Non. Il
en va de même en France de marques telles HOLLYWOOD
CHEWING GUM, BRANDT, CLAN CAMPBELL, PANZANI, toutes leaders dans leur marché respectif. À l'inverse, bien des
marques dites globales ont remarquablement réussi à s'intégrer, à créer un tel lien de proximité que chacun pense
qu'il s'agit d'une marque du pays. Ainsi, pour un
Américain le médicament Rennie est américain, pour un
Allemand, c'est allemand, français pour un Français (en
fait c'est suisse). Ce n'est que récemment qu'ARIEL fit état
dans sa publicité du fait qu'elle est la marque préférée dans
tous les pays d'Europe.

Pour revenir au scénario du futur prédit pour la Chine par le
très libéral *The Economist*, derrière la globalisation des
marques se profile un allant de soi idéologique : nous appor-
terions à travers elles le progrès, voire le bonheur, qui faisait
défaut aux pays jusque là privés de ces marques, n'ayant
pour satisfaire leurs besoins que des marques locales. En pro-
mouvant ces marques, non seulement on homogénéise un
peu plus la planète mais cette homogénéité est celle des
valeurs et produits de l'Occident (même si les marques sont
japonaises ou coréennes). De ce point de vue, il n'est pas
étonnant que l'affirmation de principe sur la globalisation
comme seul avenir du marketing soit née aux États-Unis.

Haro sur les marques locales

Désormais, dans tous les états-majors des grands groupes, la priorité est donnée à la globalisation des marques. Par exemple, PROCTER & GAMBLE poursuit une stratégie d'européanisation très volontariste de ses marques. Il veut développer des euro-marques fortes, ayant le même produit, le même nom, le même packaging, les mêmes positionnements et concepts publicitaires. Il veut aussi détenir dans chaque pays un portefeuille de marques répondant aux principaux besoins des consommateurs, offrant une marque par segment. La conséquence est la volonté d'éliminer ou de modifier les marques locales ne cadrant pas avec ce portefeuille (modification par changement de nom ou par re-positionnement systématique, comme ce fut le cas pour PANTÈNE en France passant de shampooing pour homme au statut de marque internationale pour femmes). Cette logique conduit à donner peu d'espoir à VIZIR ou BONUX en France, à DAZ en Grande Bretagne, à DREFT en Belgique et en Hollande. Dans le secteur du soin, la filiale française a revendu des marques qu'elle avait achetées il y peu de temps : les savons ROGER CAVAILLÈS, MONSAVON, BIACTOL et le fameux PÉTROLE HAHN, toutes des marques profitables sur des niches.

Il ne s'agit pas ici de douter de l'intérêt de la globalisation. L'expansion internationale des marques est justifiée, nous l'avons déjà examiné précédemment, par le champ nouveau de la concurrence moderne, ce que les Anglo-Saxons appellent « market space » par opposition au « market place ». D'autre part, les mêmes besoins ayant tendance à émerger dans tous les continents, on devrait pouvoir y répondre de façon identique. En outre, l'homogénéisation des réponses est productrice de valeur grâce :

- à la réduction considérable des coûts qu'elle autorise (usine unique, staff marketing unique, film unique) ;

- et aux opportunités nouvelles auxquelles elle permet enfin d'accéder comme le sponsoring des événements mondiaux qui de ce fait embrasent la planète (les Jeux Olympiques, la Coupe du monde de football, la Formule 1, le Grand Chelem).

Poussées par la distribution elle-même qui se globalise, les multinationales se débarrassent des marques locales pour ne s'occuper que de la seule chose qui vaille apparemment la peine : les marques globales. L'erreur serait d'en déduire que les marques locales ne sont plus intéressantes. Tout ce que nous disent ces exemples est que les multinationales de type P&G ont opté pour une stratégie exclusivement globale, de plus peut-être ne sont elles plus adaptées au management des marques niches.

Il est vrai que, dans les réunions internationales, les chefs de produits affectés à une marque locale font triste figure. Ils semblent punis : personne ne connaît leur marque indigène, presque exotique donc, héritage d'une autre ère, aux enjeux forcément modestes puisque limités dans l'espace. Les autres au contraire confrontent leurs expériences européennes ou mondiales sur ces objets d'échange qui ne connaissent plus les frontières : les marques globales.

Ainsi la prédiction du professeur américain T. Levitt de Harvard écrivant dès 1983 qu'il n'y avait pas d'espoir pour les entreprises en dehors des marques mondiales semble bien respectée. De fait, dans les hit-parades annuels de la valeur financière des marques, il n'y a que des marques globales : Coca-Cola, Sony, Dell, Intel, Compaq, Microsoft, IBM, Marlboro, etc. Dans bien des entreprises multinationales, aujourd'hui, la pression est forte pour désactiver les marques locales. Pourquoi maintenir la marque franco-française Eléphant sur le segment du thé alors qu'Unilever dispose déjà de Lipton sur le plan mondial ? À quoi bon maintenir Bonux en France dans le portefeuille des marques de détergent de P&G ? Pourquoi maintenir Dreft bien qu'elle soit la troisième marque sur les marchés belge et hollandais, très rentable, leader de son segment et dotée de taux de pénétration et de notoriété records, résultats de 40 années de publicité sans discontinuité ?

Pour autant, les marques locales n'ont-elles plus d'intérêt ? Au delà des clichés, n'y a-t-il pas des puits de profitabilité dans certaines marques locales ? La réponse est oui.

Ce n'est pas un hasard si en Inde Coca-Cola Company a racheté et développe le cola local n° 1 : Thumb's Up. La profitabilité de l'entreprise BENCKISER, qui vient de fusionner avec RECKITT ET COLMAN, tient à sa stratégie de marques niches dont certaines sont des niches géographiques telle la fameuse lessive SAINT-MARC. HENKEL a soigneusement développé et conservé la lessive LE CHAT en la positionnant sur l'écologie.

C'est une chose de constater que certains grands groupes multinationaux ne savent pas ou ne veulent plus gérer les marques locales car ce n'est plus du tout conforme à leur stratégie, leur culture et à leur organisation, et donc s'en débarrassent, c'en est une toute autre de décréter, sans plus de précautions, que les marques locales ont peu d'intérêt. Certaines marques locales ont une fantastique valeur, qu'elles soient ou non perçues comme locales par le consommateur. D'ailleurs, dans beaucoup de catégories de produits, les leaders sont locaux, voire régionaux : c'est le cas par exemple du marché de la bière, des jus de fruits, même du whisky en France par exemple (avec le trio WILLIAM PEEL, CLAN CAMPBELL, et LABEL FIVE).

Valeur des marques locales

Lorsqu'elles sont leaders de leur marché, les marques locales sont des réservoirs de valeur qu'il faut entretenir et nourrir avec enthousiasme.

• *Une des premières forces de la marque locale est son enracinement et la force du lien qui en résulte avec les consommateurs locaux.* Les parents la pratiquaient déjà, les enfants la retrouvent. Le moteur de la relation est la confiance, la fidélité par attachement. Par exemple, dans le domaine de la peinture, le groupe ICI mène de façon très volontariste le développement d'une marque mondiale : DULUX. On sait que les professionnels trouvent de la valeur dans le fait d'acheter des marques internationales (gages de qualité), cela est moins sûr des consommateurs qui peignent leurs volets une fois tous les cinq ans. C'est pourquoi ICI hésite toujours à supprimer la fameuse marque locale VALENTINE. Les distributeurs tels que CASTORAMA ou LEROY MERLIN devenant européens, ils apprécient les marques globales. Mais le

© Éditions d'Organisation

consommateur lui ne voit à ce jour guère de valeur dans DULUX, marque nouvelle à ses yeux, sans histoire ni références, sans la réassurance implicite du nom VALENTINE.

De même, dans le domaine du vélo, le leader européen est le groupe suédois CYCLEUROPE : sa stratégie est de racheter tous les leaders locaux : DBS en Norvège, MONARK-CRESCENT en Suède, KILDAMOËS au Danemark, BIANCHI en Italie, GITANE en France, sans oublier la licence PEUGEOT CYCLES. Chacune de ces marques ne dira rien au lecteur, en dehors de la marque nationale de son propre pays. Mais DBS détient 30 % du marché norvégien, Crescent 20 % du marché suédois, KILDAMOËS 15 % du marché danois. Ce sont des marques omniprésentes. Pour maintenir leur valeur, il ne faut pas hésiter à les faire entrer très tôt sur les nouveaux segments ouverts par les marques internationales (le VTT, le mountain-bike, etc.) De ce fait, elles garderont toute leur pertinence en plus de leur proximité.

- *La deuxième force des marques locales, surtout en ce qui concerne les pays émergents, est leur adaptation au niveau économique du pays.* En Inde, une voiture à 20 000 dollars est un luxe (c'est le prix de la FORD ESCORT). Une MARUTI vaut 10 000 dollars et s'appuie désormais sur le savoir-faire de SUZUKI. Le cola local THUMBS UP, leader du marché, est plus accessible que COKE. Les consommateurs indiens ne sont pas obsédés d'occidentalisation. Ils sont sensibles au prix, aux valeurs et n'ont en rien renié leur propre culture. L'ouverture du MCDONALD'S à MUMBAY ne doit pas faire illusion.

- *La troisième force est culturelle.* La marque locale est un liant social puissant : c'est le cas de RICARD en France, d'OXO en Grande-Bretagne (les cubes pour la soupe), des glaces MIKO ou WALL'S... En France, NESTLÉ jouit d'une marque locale très ancienne, RICORÉ, dont la boîte de 250 g est le seul produit de la multinationale à se targuer d'une DV de 100% (source ACNielsen) avec il est vrai le KUB MAGGI. Certaines marques locales sont assises sur des symboles collectifs locaux puissants, comme la lessive SAINT-MARC, la JAVEL LA

CROIX, d'où elles tirent une fidélité qu'il suffit de développer en accroissant la qualité des produits aux standards d'aujourd'hui.

- *La quatrième force des marques locales bien implantées est enfin leur rentabilité.* RICORÉ est probablement la meilleure vache à lait du portefeuille de NESTLÉ en France. La marque bénéficie d'un taux record d'acheteurs fidèles, attachés à la marque et résistant à tout changement. Compte tenu des investissements publicitaires de soutien de cette marque, on imagine sa rentabilité.

On comprend alors que bien des multinationales soient à l'affût de bonnes marques locales, dotées des attributs ci-dessus, pour pénétrer des marchés nouveaux grâce à un remarquable ouvreur de portes (de la distribution). Ce fut le cas de MOULINEX rachetant MALLORY au Brésil, PERNOD-RICARD rachetant le gin LARIOS en Espagne (archi-leader de son segment, un symbole national). Ces marques leaders, rentables, sont des plates-formes irremplaçables pour déployer un portefeuille de marques nouvelles.

Un rajeunissement nécessaire

La force des marques locales tient, on l'a vu, à deux causes : la familiarité historique et le fait qu'elles font plus attention que quiconque à la satisfaction des motivations d'achat locales, celles des consommateurs de leur marché. Ceci explique d'étonnantes parts de marché :

En Suisse, la poudre ENKA, lancée en 1908, détient 50 % du marché des additifs pré-lavage. Les lancements successifs de toutes les grandes lessives n'entamèrent jamais sa part de marché.

En Norvège, le nettoyant ménager KRYSTAL, lancé en 1916, naturel et cuit en huile vegétale, domine la marque globale AJAX. Pourtant KRYSTAL n'est pas plus efficace qu'AJAX, mais il a une odeur agréable et procure de bons sentiments aux consommateurs norvégiens, rassurés par cette marque.

Aux Pays-Bas, le n°1 des shampooings n'est ni Pantène, ni Elsève, ni Organics, mais Andrélon, du nom d'un fameux coiffeur Hollandais. À la différence de tous les shampooings internationaux dont la publicité décline des top-modèles issus d'un défilé de mode, Andrélon présente ce que l'on pourrait appeler « la fille d'à côté », et promet tout simplement de révéler sa beauté naturelle. Il est vrai que les hollandaises trouvent les shampooings internationaux trop épais, et trop « conditioning ». Andrélon porte la plus extrême attention aux consommatrices hollandaises, d'où son succès.

Il est tentant pour les entreprises engagées en priorité dans le marketing de leurs marques globales de « traire » ces marques locales. Après tout, les liens fondés sur la familiarité et l'histoire ont une certaine durabilité et leurs consommateurs, viellissants, sont fidèles. Ainsi Enka ne faisait pas de publicité. Ce faisant, on opère une confusion entre marque ancienne et marque vieux-jeu. Le lien social est inter-générationnel. La revitalisation de ces marques produit des effets surprenants sur les couches plus jeunes de la société, à condition de savoir les rendre excitantes et présentes à l'esprit, comme pour toute marque. Cela passe par plusieurs étapes :

• *remettre à jour le design et le logo*, en ayant bien soin de préserver les signes de reconnaissance essentiels, voire de renforcer les valeurs. Par exemple, en grossissant le symbole du cygne nordique de Crystal. Il faut néanmoins traiter avec précaution le produit historique, qui joue le rôle d'icône de la marque. Lorsque Procter & Gamble reprit Pétrole Hahn, avant de le revendre récemment, il prit garde de ne pas trop modifier l'emballage du produit standard mais se concentre sur les extensions et nouveaux formats ;

• *travailler sur de nouveaux formats du produit* témoignant de la modernité, de la compréhension des nouveaux modes d'usage souhaités par des consommateurs locaux. Ainsi Crystal attendit 1972 pour lancer une version liquide, à côté de la pâte lancée, elle, en 1916 ;

• *ne pas hésiter à pénétrer les nouveaux marchés, sans complexe.* Ainsi la marque de vélos Dbs, leader du marché norvégien, se lança dans la vente de VTT alors qu'elle était jusqu'à présent typée comme produisant des vélos de famille. Même si certains jeunes norvégiens veulent acheter un VTT de l'américain Cannondale, en réalité la majorité des VTT vendus en Norvège l'est désormais sous la marque Dbs, signe de la puissance de la marque et de sa potentialité latente. Il restait cependant à transformer cette virtualité en réalité, ce qui fut fait. Ce qui par la même occasion modernise l'image de Dbs et accroît sa puissance de marché ;

- *moderniser la communication en respectant les valeurs.* Ainsi celle de Crystal rappelle les dons faits par la marque à Wwf, la Fondation de défense de la vie naturelle et sauvage.

7

L'ère de l'efficience

LE MANAGEMENT DES MARQUES est entré dans l'ère de l'efficience. Cela est normal. Contrairement à ce qu'écrivent les manuels de marketing, le client n'est plus la priorité du management : la priorité c'est l'actionnaire. Or celui-ci, en particulier s'il s'agit de fonds de pension, veut désormais un rendement fort et garanti. Les retraites des seniors de l'an 2000 doivent être généreuses et certaines : il faut donc leur assurer un rendement des investissements toujours croissant. Du point de vue de la gestion des marques, il ne suffit plus de produire des résultats, d'être efficace, encore faut-il être efficient. Priorité au rendement. Reconnaissons que cela a été le moindre des soucis du marketing jusqu'alors. Depuis des années, les dépenses publicitaires ne cessent d'augmenter dans tous les marchés, comme le coût des spots, mais les preuves du rendement de ces sommes investies dans des campagnes de masse manquent toujours. D'où la crise de légitimité de la publicité dans le concert de la remise en cause des

pratiques traditionnelles du management des marques. PROCTER & GAMBLE **ne vient-il pas d'annoncer qu'il voulait désormais rémunérer ses agences de publicité sur la base du rendement.**

Comptes de faits

En théorie, on devrait être en mesure de prédire, pour chaque investissement de marketing, le rendement que l'on en attend, quitte à revoir les chiffres au fur et à mesure que l'on passe de la prédiction à la réalisation effective. Qu'il s'agisse d'un changement de logo, de personnage de marque, d'emballage ou du lancement d'une extension de ligne, d'une promotion, aucune recommandation ne devrait aujourd'hui se faire sans en spécifier le rendement financier attendu. Sinon comment justifier d'allouer ces sommes à cet investissement plutôt qu'à tel autre ? Ce qui est vrai dans la pratique pour toute décision relative, par exemple, à un changement de méthodes logistiques, ou à la construction d'un nouvel entrepôt, hélas ne semble pas avoir pénétré à la même vitesse les cercles du marketing. En théorie, on acquiesce. Dans la réalité, on renâcle : on vit encore dans un « conte de fées ».

Toute l'emphase actuelle sur l'EVA, la création de valeur, la rémunération des capitaux investis, ne saurait laisser le marketing à l'abri de cette préoccupation d'efficience.
Déjà, au début des années 1980, une révolution culturelle avait eu lieu dès lors que l'on avait dépassé les simples mesures psychologiques de la force d'une marque (notoriété, image, ensemble évoqué...) et proposé une mesure financière du « goodwill ou survaleur attachée à son nom ».
En marketing, on n'a longtemps demandé des comptes qu'aux seuls techniciens du marketing direct ou de la promotion. Ceux-ci étaient perçus comme disposant, seuls, des informations comportementales permettant de calculer un rendement. Et encore, souvent les évaluations des promotions étaient-elles frustes, se contentant de comparaisons avant-après. Or, non seulement il faut se comparer à ce qui eut été vendu sans la promotion (selon toute hypothèse) mais surtout intégrer le coût réel des promotions, qui lui est

est systématiquement sous-évalué. On omet en général les coûts de complexité : augmentation des références pour une période provisoire, problèmes logistiques et de production, stocks supplémentaires, temps passé....

Désormais, les directions générales des grands groupes veulent étendre la logique des faits à toute demande d'investissement en marketing. Le but du marketing n'est pas de maximiser les ventes mais les profits. L'argent est rare : pourquoi l'allouer ici plutôt qu'ailleurs ? Pourquoi par exemple cette extension de marque : a-t-on mis en balance tous les coûts (comme par exemple le coût d'opportunité, le coût de l'apprentissage, le coût de complexité) et comparé avec la solution alternative qui serait de travailler plus sur le produit standard en le rendant justement moins standard ?

La gestion des marques s'est abritée trop longtemps derrière le paravent du qualitatif. Comme si les chiffres faisaient peur. Peut-être par culture ou formation bien des managers de marque opposent l'idée au chiffre. Il ne s'agit plus d'opposer les deux. On réclame des managers inventifs, créatifs, mais aussi responsables des sommes investies. L'expérience indique que le changement vient rarement de l'intérieur. La vogue actuelle des grands cabinets de conseil dans les entreprises pour aborder des problèmes de marque en témoigne.

On ne peut qu'être frappé par la présence croissante des McKINSEY, ACCENTURE, BCG, CAP GEMINI, etc. sur ce qui était jusqu'alors le pré-carré des agences de publicité ou de leurs sociétés de conseil intégrées. Cette montée correspond à plusieurs facteurs :

• *la reconnaissance du caractère stratégique des décisions sur la marque*, donc la nécessité d'obtenir des recommandations indépendantes de toute préoccupation liée à la mise en œuvre (comme, par exemple, qui aura ou perdra le budget publicitaire, etc.) ;

• *la proximité des directions générales des entreprises* via des missions précédentes d'organisation, d'investissements stratégiques ou de portefeuilles d'activités. Or la marque relève moins aujourd'hui de la direction du marketing que de la direction générale ;

- *la culture internationale des sociétés de conseil* qui leur permet de mobiliser des consultants de par le monde pour fournir dans les délais les plus brefs ce qu'elles savent le mieux faire : illustrer par des exemples ce que d'autres ont déjà fait. Cette présentation des « best practices » intéresse toujours les directions générales car elle montre que ce que d'aucuns jugent impossible pour leur entreprise a déjà été fait par d'autres depuis longtemps, avec succès ;

- *la culture du chiffre,* enfin. Par formation et recrutement, les cabinets de conseil sont tournés vers la quantification. Les disciplines de base de leurs consultants (l'économie, l'analyse financière, l'analyse des coûts) déterminent une attitude et un savoir-faire tournés vers la quantification des causes et des conséquences. Les comptes d'ANDERSEN CONSULTING sont des comptes de faits, les seuls auxquels les directions générales soient sensibles.

Hiérarchiser les priorités

Au-delà de l'oreille du pouvoir, reconnaissons que la culture du chiffre a l'avantage de créer de l'efficience dans les décisions. Travaillant par exemple sur un cas de marque à rajeunir, la première démarche est d'identifier les causes du vieillissement constaté. La démarche logique de tout responsable de marque sera de procéder à d'intéressantes études qualitatives qui révéleront les multiples causes de cet affaiblissement de la marque. Le problème est que le qualitatif ne permet pas d'hiérarchiser ces causes. Quels sont en fait, et dans l'ordre, les facteurs à l'origine de la baisse de tonnage sur la longue période ? Quel est le poids relatif de la hausse du prix relatif par rapport à la baisse de la part de voix ou le vieillissement effectif de la clientèle ? Tant que l'on ne pose pas le problème en ces termes, on ne sait pas quel est le levier principal de l'effet constaté, donc on ne sait pas sur quoi investir en priorité, quel levier aura le meilleur rendement.
Les entreprises ont les moyens d'approcher quantitativement la décision relative à leurs marques. Encore faut-il le vouloir et insuffler une vraie révolution des pratiques internes. De ce

point de vue, démontrer la faisabilité par un cabinet externe, travaillant de concert avec les équipes marketing, et le soutien de la direction générale est efficace.

Si le secteur publicitaire ne réagit pas à cette demande de rendements prouvés, il est à craindre que ne s'accentue l'écoute des apôtres d'autres formes de communication, elles, intrinsèquement tournées vers la mesure du rendement. On sait dire à Mr. Riboud ce qu'a rapporté l'investissement dans DANOÉ. On sait mesurer l'accroissement de chiffre d'affaires et de marge apporté par l'e-business. Le micro-marketing prouve ses resultats en conquête ou en fidélisation sur des cibles plus ou moins grosses consommatrices du produit ou de la catégorie. Loin de nous l'idée de contester ces formes nécessaires d'une vraie communication qui ne saurait se limiter aux seuls contacts publicitaires furtifs. Néanmoins, dans l'engouement actuel dont elles font l'objet, le facteur de la mesure pèse un grand poids. N'est-il pas révélateur, que, au début de l'an 2000, lors du lancement de la nouvelle marque alimentaire de PROCTER & GAMBLE, SUNNY DELIGHT, en France le marketing direct ait représenté un budget double de celui de la télévision ?

Transparence et efficience

À l'heure actuelle, il existe une contradiction entre les informations marketing disponibles et les réalités de la concurrence des marques. Les unes après les autres les grandes entreprises pratiquent le co-marketing pour développer leurs ventes avec celles du distributeur qui a ses propres marques aussi. Elles développent des plans de marketing par enseignes, elles s'organisent par enseignes, elles définissent chaque enseigne comme un marché. Elles ont d'ailleurs de nombreuses raisons pour cela. Par leur taille les distributeurs pèsent plus que les pays. Les distributeurs n'ont pas tous les mêmes objectifs, la même stratégie : leur marque-enseigne n'a pas le même poids vis-à-vis des consommateurs. D'où la nécessité de ce co-marketing, entre marque de fabricant et enseigne. Les recherches les plus récentes enfin, menées par

IRI-Sécodip sur trente catégories de produits, dans 400 grandes surfaces pendant 52 semaines ont montré que le « privilège » de chaque marque varie d'une enseigne à l'autre. Par privilège de marque on entend la fraction de part de marché non expliquée par les facteurs d'offre présents au rayon. Il y a donc une interaction entre la marque et l'enseigne dans la détermination de la performance de chaque marque.

Tant que les statistiques ne seront pas données aux responsables de marques, par enseignes, le management de la marque ne pourra avoir l'efficience requise. Néanmoins, ce qui est pour l'instant le cas de quelques enseignes qui pratiquent l'ouverture de l'information, devrait se généraliser. Demain on devra disposer de l'information par magasin. La quête de l'efficience, pour les distributeurs comme les producteurs, est à ce prix. Cela permettra par exemple de connaître la part des produits DANONE ou NESTLÉ dans le ticket de caisse global, et évaluer par exemple quels sont les effets induits sur ce ticket d'une vente en promotion de telle ou telle grande marque.

ECR et management des marques

Au début de l'an 2000, il n'y a plus une entreprise de grande consommation qui ne soit engagée dans une démarche d'ECR avec ses principaux clients distributeurs : même des secteurs comme les fruits et légumes ou la boucherie y viennent. L'ECR ou « *efficient consumer response* » est une coopération de fond entre le fournisseur et le distributeur pour accroître la valeur des produits et services qu'ils offrent aux consommateurs. En général l'ECR commence par la collaboration au niveau de tous les systèmes de back-office et de la logistique : l'obsession est de diminuer tous les coûts non créateurs de valeur pour le consommateur final. Puis vient la phase d'accroissement de la valeur de la catégorie pour les consommateurs et pour le distributeur : ce que l'on appelle le *category management*. Le but ultime est la fidélisation des gros clients du distributeur et de la marque, si possible de concert.

C'est pourquoi dans le management moderne de la marque, la connaissance du profil des gros acheteurs de celle-ci est fondamental. Il faut en effet se demander si ce profil est le même que celui des gros clients de l'enseigne. Si c'est le cas, il y a une forte convergence d'intérêts entre la marque et l'enseigne. Sinon, à quoi sert de pousser une marque du portefeuille chez un distributeur dont le profil des gros clients à fidéliser est trop divergent.

Une des facettes les plus discutées du *category management* est la définition même de la catégorie et le choix par le distributeur du fournisseur qui sera son conseiller privilégié pour la catégorie. La catégorie n'est pas en effet définie par les produits physiques traditionnels, mais par les unités de besoin. Prenant par exemple la catégorie boissons, au lieu de la segmenter par produit (les colas, les autres soft drinks, les eaux minérales...), on l'organise par finalité, moment ou usage. Cette segmentation détermine l'organisation nouvelle des rayons eux-mêmes. Ainsi les grandes surfaces britanniques disposent désormais d'un coin et d'une armoire réfrigérante consacrée au déjeuner, séparée de l'unité de besoin consacrée au rafraîchissement, ou du coin santé par exemple. Certaines entreprises ont su adapter leurs marques mais surtout les produits ou formats de leurs marques à cette nouvelle donne pour accroître leur efficience.

En effet la conséquence la plus radicale du *category management* est souvent la multi-localisation. Ainsi, on va trouver du COCA-COLA frais en petites bouteilles dans l'armoire réfrigérée consacrée au déjeuner, à côté des sandwiches frais. On va aussi en trouver dans le rayon des produits pour la santé, sous forme du Diet Coke. On en trouvera aussi à côté du rayon pizzas, etc... Ce faisant on multiplie les points de contacts avec la marque, et la probabilité d'achat via ses formats de produits différenciés. COCA COLA réduit de ce fait la consommation des eaux minérales naturelles, qui par leur format unique dominant (le 6 pack de bouteilles d'un litre ou litre et demi) se voient reléguées dans un lieu unique en fond de magasin, là où un chariot de manutention des produits pondéreux peut facilement accéder.

L'efficience par la relation au pays

En apparence les pays n'ont plus la cote. Partout les multi-nationales se structurent par enseigne et par catégorie, au service de leur portefeuille épuré de marques exclusivement globales. Pourtant, à y regarder de plus près, même les plus ardents défenseurs de la globalisation conservent des équipes dédiées par pays. Efficience oblige. En effet, les multi-nationales ont compris que l'on pouvait créer une relation plus forte avec les clients, via une connaissance supérieure de ceux-ci et l'adaptation des moyens nationaux. D'un pays à l'autre, un « *fine tuning* » des moyens hors-copy permet d'optimiser les stratégies. Par exemple, pour lancer les chips PRINGLES en Italie, les équipes locales de P&G ont choisi de le distribuer aussi dans des réseaux dits alternatifs (les tout petits magasins de rue ou les stations-service) afin d'acquérir très vite une forte visibilité. Elles ont aussi utilisé des célébrités locales pour faire de PRINGLES une icône américaine débarquant directement des USA (ce qui bien sûr n'aurait pas été possible en France). De ce fait, PRINGLES est devenue une marque emblématique en Italie.

Implicitement, il y derrière cette approche la reconnaissance de l'importance fondamentale du hors-copy dans la réussite du lancement d'une marque. L'*underground marketing* ne fait que commencer : il était temps que l'on prenne conscience du bouche à oreille dans la diffusion des nouveaux produits et marques.

8

Ce que consommation courante veut dire

Tout DIRECTEUR DE MARKETING devrait s'abonner au magazine américain Fast Company. L'idée centrale de ce magazine est d'introduire plus de réactivité dans les entreprises comme clé de leur compétitivité. Internet joue un rôle de premier plan dans cela, en ce sens qu'il va façonner par son usage systématique des attentes nouvelles vis-à-vis des marques. Un site web est par essence une matière vivante : rien ne doit y être trop figé. La matière doit se renouveler en permanence pour justifier sa visite répétée et ne pas donner l'impression qu'il ne se passe rien de très neuf autour de la marque ou de sa part.

Net ou pas net, l'idée de vitesse doit désormais être au centre du management de la marque. En tant qu'organisme vivant, elle doit envoyer en permanence des signaux traduisant son énergie, son adaptabilité foncière à un monde en permanente évolution, son sens de la réactivité.

FMCG

En marketing, la comparaison de l'anglais et du français révèle une intéressante différence de terminologie. Ce que nous appelons « biens de grande consommation » est appelé en anglais « *fast moving consumer goods* ». La notion de vitesse présente en anglais est absente chez nous, au profit de l'idée de massification. Il est temps de revenir à la réalité. D'une part, avec la fragmentation des marchés et la sophistication des consommateurs, peut-on encore parler de « masse » ? D'autre part, force est de constater dans tous les secteurs une accélération du rythme des innovations. Or, c'est par l'innovation que la marque démontre sa pertinence, justifie sa prime de prix et affirme son statut de référent. Dans le marché de la cosmétique ou de la mode par exemple, si l'on écarte un instant les clients âgés qui réachètent à l'identique le même produit de façon quasi religieuse, la fidélité n'existe plus. Elle se reconquiert par l'innovation. La marque jouit certes d'un « goodwill », d'une note de sympathie et d'estime. Mais de l'image à l'achat il y a un pas. Il faut re-séduire la consommatrice par une offre constamment renouvelée car la pertinence est à ce prix. Qu'est-ce qui fait acheter BOURJOIS cette année dans les supermarchés ? Est-ce l'attachement à la marque ? Non. C'est son offre très dans l'air du temps, proposant des tatouages funs aux jeunes filles d'aujourd'hui, c'est aussi de nouveaux coloris pour les fards, les sticks, le tout dans l'univers de la marque. L'innovation est l'oxygène de la marque. Elle permet à la marque de mettre le produit au cœur de son discours. Comment expliquer autrement la réussite de DIM ? Certes les hommes voient dans chacune de ses publicités un hymne à la beauté. Les femmes y voient en plus les nouveaux produits qui accompagnent l'évolution de la vie quotidienne. Il n'y a pas de publicité de DIM qui ne porte en fait sur un produit. Le tout encore dans l'unique atmosphère de DIM.

La première démarche de la nouvelle équipe au service de BRANDT est de remettre l'innovation au cœur du réacteur, innovation qui avait disparu des préoccupations ces dernières années. Certes en France on aime BRANDT, mais, face au rayon, le produit doit séduire, démontrer sa pertinence, révéler l'idée créative qui fera penser « c'est bien vu ».

Une marque comme LAFUMA envisage elle aussi de sortir du schéma traditionnel de la production bi-annuelle, pour lancer bien plus de produits-événements, liés à l'actualité, tout ce qui de fait ancre une marque dans la vie.

Ajoutons que, dans certains secteurs, les marques de distributeurs ne sont pas en reste en ce qui concerne l'innovation. En Grande-Bretagne, elles lancent plus de produits nouveaux que les marques de fabricants. Certes il faut analyser ce que le mot produit nouveau recouvre au cas par cas (simple variété de plus, extension de ligne ou vraie innovation). Mais le message est clair. Les marques de distributeurs qui veulent devenir des vraies marques ont compris l'importance du flux d'innovations. De plus, sous-traitant et n'ayant pas de coûts de référencement (pas de sortie de cash en tout cas) ni de publicité, il leur est facile de multiplier les innovations dans leurs rayons. Le coût de l'échec est faible et sa probabilité réduite si ladite innovation s'inspire des succès des nouveaux produits des marques de fabricants. Raison de plus pour être une cible mouvante en permanence.

L'accélération des technologies

Un facteur au moins rend la vitesse facteur-clé de succès, c'est la technologie. Celle-ci ne cesse de rendre possibles aujourd'hui des innovations impensables hier. Ce qu'il y a de nouveau, c'est que les termes aujourd'hui et hier doivent être pris de façon littérale désormais et non comme une formule de style. Le cas de la téléphonie mobile illustre une catégorie où chaque jour révèle qu'une fonctionnalité nouvelle est possible. En ce début d'an 2000 on peut écouter ses e-mails sur Itinéris, y répondre de façon vocale. Demain, c'est-à-dire dans les semaines à venir, on pourra acheter en direct grâce au téléphone lecteur de carte de crédit...

Tous les secteurs sont touchés par la technologie. Celle-ci facilite les relations entre fournisseur et client, ajoute des possibilités de service, de facilité, d'immédiateté. Dans l'alimentaire, elle permet des assemblages nouveaux, des textures, des goûts inconnus... sans parler de la révolution génétique.

La conséquence de cela est que le consommateur n'est peut-être plus la source d'idées et d'impulsion qu'il fut jusqu'à présent[1]. De fait, le consommateur n'a pas d'imagination. Il ne peut inventer l'auto qui n'existait pas, internet, la fusion télévision-télécommunication-informatique et ses conséquences radicales dans les foyers. Gérer la marque oblige à moins reposer sur le consommateur mais à plus être en phase avec le pouls de la science et de la technologie, et à savoir en décoder les signaux pour les transformer en idées, concepts et innovations.

L'importance de la technologie conduit aussi à reconnaître que dans les marchés, outre la marque du distributeur, le concurrent principal est désormais celui que l'on ne voit pas venir mais qui va entrer dans la catégorie de besoin à partir d'une autre catégorie de produit ! Ainsi le concurrent de KODAK, c'est HEWLETT PACKARD ou l'imprimante laser EPSON. Auprès des jeunes, le concurrent du vélo, c'est le skate board, le snow board ou le jeu SEGA, d'où l'effondrement du marché global du vélo après le boom du VTT.

La fin du monolithisme

La vitesse d'évolution se traduit aussi dans les signes de la marque. Au début des années 90, COCA-COLA révolutionna les us et coutumes en renvoyant son agence historique MCCANN et en lui préférant la création débridée et surtout multiple d'une hot-shop créative. C'en était terminé du film unique de longue durée. Pour stimuler, la marque doit surprendre. Elle ne surprend qu'en se renouvelant.

Ceci n'est pas sans conséquences sur l'identité graphique. L'examen des pratiques actuelles révèle que les marques s'éloignent des identités monolithiques pour proposer un bouquet d'identités. Il y a certes un air de famille mais pas un clonage, répétition à l'identique des mêmes traits. Regardons COCA-COLA à nouveau : voici une marque à deux noms, Coke pour dire modernité et COCA-COLA pour rappeler l'authenticité et l'héritage. À la couleur longtemps unique, le rouge, s'est substituée une palette de couleurs selon les versions, les

---

1. Clay Christensen, *The Innovator's Dilemma*, Harvard University Press, Boston, 1999.

produits, les bénéfices consommateurs. La constellation CocA-CoLA est plus ouverte, plus accueillante désormais.

Partout dans les grands cabinets de design, on casse les règles sacro-saintes de l'identité monolithique. Le marques multiplient les versions de leurs logos, de leurs symboles, et de la façon de les appliquer. Imagine-t-on un site internet avec la répétition à l'identique du logo de la marque, quelles que soient les cibles, les pages et les usages ? Il est significatif aujourd'hui que la marque NESTLÉ n'ait jamais le même logo d'une catégorie de besoin à une autre. Dans l'ultra-frais, elle a repris celui de CHAMBOURCY, elle en a un autre dans le chocolat, les céréales, etc. Même NIVÉA ou VICHY varient leur logotype de marque selon les univers. On ne communique pas VICHY sur CAPITAL SOLEIL de la même façon que sur une crème hydratante. La variété, c'est la vie. Rester leader c'est varier avant les autres.

La marque comme système vivant

Ainsi, sur le plan visuel, on sort aussi de la règle de la répétition absolue du même signal. Ce qui compte est la cohérence d'ensemble de ce qu'il convient d'appeler le système de la marque[2]. Or, variation ne veut pas dire incohérence. Aujourd'hui priment l'intelligence générale, la convergence du style plutôt que sa répétition. L'important est que la marque génère des images convergentes qui créent un univers commun sur le plan du fond. Des marques comme CALVIN KLEIN préfigurent ce mouvement.

Du point de vue de la répétition, quelle est en effet la ressemblance entre OBSESSION, sulfureux, et ETERNITY, idéalisant ? C'est CALVIN KLEIN, qui ne se résume ni au sulfureux ni à l'idéalisant mais qui sait évoluer avec le temps. Le lien à ces manifestations si dissemblables est la marque. CALVIN KLEIN présente de façon spectaculaire les émotions entre personnes : celles-ci étant multiples, la marque y gagne en points d'entrée. Les mannequins multiples d'ALLURE de CHANEL sont du même ressort.

---

2. Marie-Claude SICARD, *La Métamorphose des Marques*, Éditions d'Organisation, Paris, 1998.

McDonald's est lui-même un système de signes, à plusieurs entrées, allant de Ronald McDonald au « double Arch », en passant par le « Big Mac ».

Vitesse et globalisation

Une des incidences de la globalisation des distributeurs concerne la vitesse des lancements de nouveaux produits. Aujourd'hui une entreprise globale, dans le secteur des biens de grande consommation, fait 25 % de son CA avec 20 clients dans le monde. Demain ce sera 35 %. Dans le sillage de tels clients il sera possible d'imaginer des lancements planétaires bien plus rapides que ce qui est fait aujourd'hui dans l'approche par pays, ou zone géographique. Et cela d'autant plus que certaines catégories de produits sont en fait très sensibles au marketing direct. Aujourd'hui déjà, nombreux sont les lancements de nouveaux produits où, contrairement aux idées reçues, les investissements en marketing direct (à partir par exemple de méga-bases de données ou des géo-types) sont supérieurs aux dépenses média elles-mêmes.

9

Le challenge
internet

LES MARQUES SONT BIEN SÛR LES PREMIÈRES CONCERNÉES PAR INTERNET. Les unes après les autres, elles prennent conscience de l'importance du phénomène et de son caractère stratégique, en ce sens qu'il peut mettre en jeu l'avenir de la marque, si celle-ci ne réagit pas avec la vitesse et la pertinence nécessaires. Après tout, les marques ont dû leur expansion à l'hypermarché, or c'est aussi l'hypermarché qui désormais les élimine. Il pourrait en être de même de l'internet. Ce canal de diffusion, de communication et d'échange, d'un genre inédit, présente de fantastiques opportunités mais aussi des défis pour les marques.

Le méga-store virtuel

Toutes les marques rêvent de contrôler leur circuit de distribution. La libéralisation des marchés en Europe restreint les cas où ce sera encore possible. Même l'industrie automobile devra s'adapter à un monde « sans concessions »[1]. Fondamentalement, un site web est un méga-store. Chacun vante les avantages des marques verticales à la Gap ou Zara qui maîtrisent leur image et leur discours dans leurs propres magasins, ou l'initiative de Nike-town. Le web permet à chaque marque d'avoir enfin son méga-store, ouvert jour et nuit, toute l'année, sur le plan mondial et sur le plan local. Certes toutes les marques n'ont pas les mêmes perspectives de croissance de leur chiffre d'affaires via l'e-commerce : cela peut plus intéresser un producteur de vins fins ou de foie gras, ou d'ordinateurs, ou une société de placements financiers, moins DANONE ou YOPLAIT. Néanmoins, ces deux marques sont confrontées au risque de la banalisation : comment être plus qu'un produit ? Comment faire vivre ses valeurs ? La voie royale est celle de la relation, de la complicité et du service. Un méga-store rappelons le est avant tout un lieu où l'on se sent bien, où l'on communie ensemble avec les valeurs de la marque, où l'échange est de mise. Quelques distributeurs seulement ont réussi à faire de leurs points de vente des lieux de vie et d'échange, d'expression réciproque, indépendamment de toute vente : la FNAC, VIRGIN, DÉCATHLON. L'internet fournit l'opportunité de décupler l'information offerte en supprimant les contraintes de lieu et de temps.

Il est révélateur que, pour lancer sa filiale SÉPHORA aux États-Unis, le groupe LVMH ait inauguré le 14 Octobre 1999 un mégastore de 2 000 m² en plein cœur de Rockfeller Center, à New York, et en même temps lacyberboutique Sephora. com en maximisant les synergies entre les deux canaux de distribution.

Évitez le déni de service

La relation à la marque n'est pas platonique. Le consommateur attend de passer à l'acte. Il faut d'ailleurs l'y encourager. Éviter au consommateur de se déplacer, d'aller en magasin, l'accompagner de façon interactive dans son choix, jusqu'à la

---

1. Maurice KNIEBIHLER et Franck GIAOUI, *L'automobile sans concession*, Éditions d'Organisation, 1998.

commande et surtout après, sont de vraies créations de valeurs. La première valeur ajoutée sur internet, c'est l'information. Mais à quoi bon informer si ce n'est pour permettre de transformer le désir en achat, et passer donc à la transaction.

Aujourd'hui, parce que cela est nouveau, les fabricants sont empêtrés dans des conflits de canaux de distribution : ne pas vendre en direct pour ne pas heurter les revendeurs ou les concessionnaires, la grande distribution ou bien ses propres magasins. On l'a vu en novembre 1999 dans l'annonce faite par LEVI'S de cesser de vendre en direct via Internet. Il y a aussi des problèmes juridiques en puissance dès lors qu'une marque veut se réserver l'exclusivité de la vente sur le net.

L'autre raison invoquée pour freiner la création d'un grand site de commerce électronique est que l'interface avec l'informatique est difficile. Mais, du point de vue du consommateur, ces motifs ne comptent pas : c'est un déni de service. Au moment où ce livre fut terminé, en janvier 2000, il n'était pas possible d'acheter en direct sur le net un séjour au CLUB MÉDITÉRRANÉE ! Quand on sait qu'il s'agit d'une marque mondiale vendant à des clients du monde entier, des USA au Japon, on ne peut qu'être surpris. Début 2000 encore, en France, aucun constructeur automobile ne vendait ses voitures sur le net : au même moment aux USA 7 % des voitures neuves étaient achetées via l'internet. Et 40 % des Américains visitent le site des constructeurs avant d'acheter une automobile.

De toutes façons le mouvement est inéluctable : déjà, NIKE annonça en septembre 1999 qu'il vendrait en direct sur le net. Certes, pour un distributeur, il y a un risque de cannibalisation avec le chiffre d'affaires du magasin, donc un vrai problème de rentabilisation, à terme, des immobilisations et des stocks si une part croissante des clients ne se déplace plus dans les hypermarchés et les centres commerciaux mais préfère déambuler à son heure dans des magasins virtuels. Richard Branson, président de VIRGIN, résuma bien cependant le caractère obligatoire de la démarche pour toute entreprise, malgré la perspective de cannibalisation, en disant que quitte à ce qu'on lui coupe un pied, il préférait le faire lui-même.

On peut parler de défi du service, en ce qui concerne internet. Même sans parler d'e-commerce, d'une façon générale internet oblige toutes les marques à se transformer en marques de service. Dans le monde courant, grâce à sa notoriété spontanée, la marque émerge à tout moment dans l'esprit du consommateur, et cela à un coût apparemment nul pour ce consommateur. Dans le monde virtuel, la notoriété ne suffit pas : il faut avoir une bonne raison de visiter un site et de le visiter à nouveau. D'où l'importance de la valeur d'usage de ce site.

Cela peut se faire en donnant des informations, des conseils autour du produit. Une marque de shampooing devrait indiquer quelles sont les dernières tendances en matière de coiffure pour être à la mode, voire donner des conseils très personnalisés. Autre exemple, une marque alimentaire devrait fournir des suggestions pour le dîner, et une infinité de recettes toutes très bien expliquées avec force illustrations en vidéo. C'est ce que fait UNILEVER aux USA sur une de ses marques : les études montrèrent que 11 % des personnes ayant consulté ces recettes sont ensuite allées acheter le produit en magasin pour l'utiliser dans la recette en question. Le service peut aussi impliquer une information sur des activités éventuellement déconnectées du produit mais qui font sens par rapport à l'image de la marque. Ainsi une marque de parfum pour jeunes peut informer sur des dates de concerts de rock ou des matchs d'un sport si cela fait partie de son territoire d'image.

Il n' y a pas de limites au service que l'on peut et que l'on devra apporter aux consommateurs : internet est là pour simplifier la vie des consommateurs au maximum.

Chaque média a cependant ses règles, internet a aussi les siennes. Le marketing de marque traditionnel repose sur l'interruption systématique de la vie courante des consommateurs par des spots publicitaires télévisés, conçus pour l'ensemble du marché. C'est exactement l'inverse sur internet : la personne se connecte volontairement, attend une information progressive, remise à jour régulièrement, et sur mesure. Elle ne se connecte pas pour être interrompue par une publicité. Elle tolère tout au plus un signal lui donnant la possibilité de double-clicker, donnant par ce geste la per-mission à la marque de lui en dire plus[2]. Cela conduit à quatre exigences en termes de service.

Le premier service à rendre est de ne pas faire perdre son temps à l'internaute. Après tout, s'il navigue sur le net plutôt que de déambuler dans les magasins, c'est qu'il valorise son temps. La loi d'airain du service sur internet est que tout ce qui y est prévu doit être facile. Cette attente triviale est pourtant en permanence déçue. Par exemple le dialogue est trop lent, ou les arborescences plus pensées en fonction de l'organisation interne de l'entreprise (en général fractionnée) qu'en fonc-tion des préoccupations du client.

Le second service est de reconnaître les différences entre les inter-nautes afin de les orienter rapidement vers le niveau et le type d'information correspondant à leurs attentes spécifiques. Cette exigence de base est pourtant loin d'être satisfaite dans de nombreux sites qui sont plus des brochures figées sur le net que des lieux de service. Par exemple, combien d'entre eux se souviennent du dernier appel fait par l'internaute et en intègrent l'information ?

Le troisième service est d'envisager le site comme un magasin ouvert jour et nuit, non pour vendre mais pour l'après-vente, c'est-à-dire en réalité la base de la satisfaction et de la fidélisation. C'est toujours après l'achat que les problèmes commencent pour le client. Faute de hot line (elles sont en général occu-pées), il est normal de prévoir toutes les configurations d'échec dans l'utilisation du produit de la marque et via, un système expert, de les rendre accessibles sur le site pour aider le client à se sortir facilement de son problème. Par exemple, un site internet de compagnie aérienne devrait fournir à tout moment la situation de chaque vol en cours, son heure d'ar-rivée prévue, la température au sol, le climat attendu locale-ment. . . Le site devient partie intégrante du service au client, un outil de travail de ce dernier[3,4].

Le quatrième service est de permettre aux consommateurs de conver-ser librement avec d'autres sur des thèmes d'intérêts communs, qui tissent les réseaux d'affinités, d'implication et de bouche à

2. Seth GODIN, *Permission Marketing*, Simon & Schuster, New York, 1999.
3. Patricia SEYBOLD, *Customers. com*, Times Business, 1998.
4. Jean-Jacques RECHENMANN, *l'Internet et le Marketing*, Éditions d'Organisation, 1999.

oreille. Lieu de liberté et d'échange, le net permet à la marque de faire travailler à son profit l'implication résultant des communautés virtuelles. La marque doit certes créer sa communauté mais reconnaître son désir de liberté. D'où l'importance de ces centres d'intérêt et valeurs qui fédèrent les clients autour de la marque.

Le défi de la transparence

Si l'on veut être optimiste, on peut faire l'hypothèse qu'au fur et à mesure que la réalité devient virtuelle, les seuls repères deviennent alors les marques, avec la confiance attachée à leur nom dans un espace devenu impalpable, intangible. D'ailleurs, les faits semblent donner raison à cette hypothèse : actuellement, les sites les plus visités sont ceux des marques les plus connues, les plus réputées ou les plus aimées. Néanmoins, celles-ci tendent à être les marques nées sur et pour le web : YAHOO, AMAZON et pas forcément ceux des marques telles qu'on l'entend traditionnellement.

On sait que le succès des marques sur le marché a reposé en partie sur l'excès de choix, donc sur la difficulté du choix pour le consommateur face à un rayon de libre-service. La marque est née de l'économie de l'information imparfaite. Qui détient le savoir, détient le pouvoir. Dans le marketing traditionnel, le savoir était concentré et conservé en amont, auprès des fabricants et des distributeurs spécialisés ou des experts-prescripteurs. En effet, jusqu'à aujourd'hui, prenant l'exemple de la micro-informatique, un consommateur ne pouvait raisonnablement passer son temps à examiner tous les PC de toutes les marques pour les comparer avant d'en choisir un. Il lui eut fallu s'engager dans un safari sans fin. D'une certaine façon, il lui était impossible d'être rationnel, même s'il le souhaitait. Ce raisonnement vaut tout aussi bien pour le choix d'une assurance ou d'une crème démaquillante. La marque, saillante à l'esprit par sa notoriété, proche, à image valorisante et rassurante, permet de choisir plus vite avec un fort taux de satisfaction. De toutes façons, l'image de marque a pour objectif de rendre les marques insubstituables en développant l'idée qu'elles ont un caractère spécial, inimitable, un halo d'exclusivité. Ne connaissant pas les alternatives, ne les ayant éventuellement pas consultées, l'acheteur ne peut éprouver de regrets. La marque capitalise donc sur l'opacité du marché et sur le coût d'accès à l'information. (jusqu'alors celle-ci était introuvable, indigeste ou partiale).

L'arrivée d'internet va modifier ce levier de pouvoir de la marque au profit des clients. Ce média rend l'information facile d'accès. Il crée une certaine transparence de l'offre, des prix, des marges. Certes, à première vue, il y a encore plus de choix sur internet. Mais cela devrait précisément conduire à l'émergence d'acteurs nouveaux, créateurs de transparence et porteurs de valeur ajoutée : ce que l'on a appelé des « infomédiaires » ou portails. La tâche de ceux-ci sera de mener pour les clients la recherche, la comparaison entre toutes les offres et éventuellement la sélection selon un jeu de critères que ceux-ci donneront. Ce faisant, à l'instar des tableaux comparatifs réalisés par les associations de consommateurs qui révèlent que grande marque ne veut pas toujours (hélas) dire meilleure qualité, ces infomédiaires pourront proposer les produits de fournisseurs moins connus mais dont les performances méritent l'examen. En cela ils abaisseront les barrières à l'entrée dans le marché, favorisant en tout cas, si ce ne sont les marques inconnues, les marques un peu moins connues en notoriété spontanée. Ces infomédiaires élargiront donc considérablement l'ensemble évoqué des fournisseurs ou marques que l'on consulte d'habitude (3 jusqu'alors). Ils pourraient enfin révéler qu'une marque connue n'a pas en fait de bonnes performances sur des attributs importants pour le consommateur, et de ce fait altérer son image. Comme on le voit, ce supplément de transparence créera pour la marque une obligation supplémentaire de performance sur ses qualités fonctionnelles et ses services objectifs. Elle ne pourra reposer sur sa notoriété ou son image valorisante pour compenser des déficits sur ces points. Tout le monde n'est pas JAGUAR.

En même temps, plus elle est comparée, analysée, réduite à des fonctions objectives, plus la marque doit se rendre incomparable, unique par le développement de valeurs immatérielles qui créent cette complicité qu'aucun tableau comparatif ne peut capter. Qui a déjà regardé un tableau comparatif sur des colas ?

Les infomédiaires seront donc soit des agents de recherche de l'information pertinente, de présélection, soit même des agents de choix délégué, une fois nos motivations et critères de choix connus. En effet, il en va des infomédiaires comme de tout conseil : tout dépend de la confiance que nous avons dans le donneur de conseils.

A priori, qui peut prétendre à la crédibilité suffisante pour être un infomédiaire de référence ? Qui peut créer un site portail devenant un vrai centre de conseil et d'achat ? La distribution spécialisée ? Ainsi le but avoué de SÉPHORA. com est de devenir le référent de la beauté sur internet aux États-Unis. L'absence de marques de distribution fait de SÉPHORA un interlocuteur encore neutre et expert. CARREFOUR peut-il devenir un infomédiaire ? Ou DÉCATHLON ? Lorsque l'on sait le désir d'imposer la marque de distributeur dans ces deux enseignes, on peut douter de la neutralité nécessaire à l'établissement d'une relation de confiance. Fondamentalement, il n'est pas sûr que la distribution puisse jouer le rôle crucial d'infomédiaire. Est-elle la mieux placée pour détenir et évaluer l'information ? De plus, même si elle est présente sur le net, la distribution sera confrontée à un conflit de logique : par exemple, la FNAC peut-elle à terme à la fois bâtir une logistique pour remplir les rayons de ses magasins et en même temps développer un process sans stock pour vendre des livres sur le net. Plus on achète sur le net, moins on veut aller dans les points de vente traditionnels.

Les médias spécialisés peuvent-ils développer une légitimité et une compétence d'infomédiaires : compte tenu du succès d'AUTO PLUS MAGAZINE, il aurait la capacité à jouer ce rôle. La condition est que le public ait le sentiment que les avis ne sont pas influencés par des considérations de vente d'espace publicitaire. Mais l'avis d'un journaliste vaut-il celui d'un ingénieur de chez PEUGEOT ? Enfin, les moteurs de recherche comme YAHOO se sont faits un nom et une crédibilité : ils devraient l'utiliser comme infomédiaire à valeur ajoutée. D'autres naîtront sur le net, comme « quelcoût.com ».

Le défi de la compétence

Qui de Séphora ou de Chanel a le plus de compétence pour parler cosmétique, produits de beauté, avec les consommatrices ? Normalement, sans aucune arrogance ni jugement *a priori*, la compétence du besoin devrait être l'apanage de la marque. Elle seule maîtrise l'information liée à la profondeur de l'offre, la distribution maîtrisant plus la largeur de l'offre. Le site internet est l'occasion de le re-démontrer en permanence face à des consommateurs eux-mêmes de mieux en mieux informés, ce qui n'est pas toujours possible sur un rayon ou dans un magasin.

Mais la consommatrice n'est pas uniquement à la recherche d'informations et d'efficacité dans le processus de décision, elle cherche aussi une expérience polysensorielle forte. La marque peut seule ajouter cette touche de glamour, de gentillesse et de profusion. Les capacités techniques en permanente évolution permettent de faire des sites non de simples points d'information ou d'achat mais de renforcement des liens, d'établissement d'une relation privilégiée fondée sur l'illusion du *one-to-one*, vraie relation personnalisée entre par exemple Chanel ou Lancôme et la consommatrice de New York, Stockholm ou Paris. Chaque site est l'occasion d'une expérience sensuelle.

En théorie du moins. Encore faut-il que le site ait été conçu comme un vrai lieu de vie, d'échange et non comme une simple vitrine. Qui dit lieu de vie dit donc animation, richesse de contenu, couleur, ergonomie, grande facilité de navigation, forums d'échange, interactivité qui permettent de personnaliser à outrance la communication, aptitude à intégrer chaque jour des informations nouvelles, des images nouvelles.

Ces critères, peu de sites examinés à ce jour les passent : certains mettent une minute à télécharger de belles images mais l'ensemble est figé et peu interactif, d'autres exposent les produits mais ne les différencient pas selon les interlocuteurs.

Or sur internet, lorsqu'un site déçoit, il est catalogué et l'internaute n'y revient plus. Imagine-t-on ne pas prendre les précautions ultimes lors de l'ouverture d'un magasin emblématique sur la Cinquième Avenue ! Il en va de même pour le site. Le problème est que la qualité étant toujours comparative, et les exigences façonnées par l'état de l'art sur le marché, il faut être en attitude d'amélioration permanente. Encore faut-il que dans sa conception même le site ait un potentiel évolutif.

Le défi de la matière vivante

Avant de réaliser un site et d'être présent sur internet, il est bon de rappeler quelques principes fondamentaux de fonctionnement de ce réseau. Internet est avant tout un espace d'interactivité, d'évolution (par ses possibilités de mise à jour) et de créativité (accroche, conception, image...). Bien plus que ce que l'on pouvait trouver sur la télématique, ou *a fortiori* dans les médias traditionnels, naturellement figés dans l'espace et le temps, la « matière » qui compose le réseau est « une matière vivante ». Ce concept de matière vivante souligne le caractère intrinsèquement évolutif et dynamique du contenu. Être présent sur le web, c'est s'adapter à une nouvelle forme de communication qui n'a rien à voir avec les univers connus que sont l'expression écrite, cinéma ou télévisuelle. Entrer sur le réseau internet, c'est franchir un seuil technologique et partager une nouvelle culture d'expression qui demande que l'on puisse s'extraire des références de communication existantes et que l'on s'adapte au langage des internautes. La communication sur le net inverse la démarche traditionnelle de la marque fondée sur la publicité. Une des particularités du net est que les internautes y entrent car il est un espace de liberté. Ils n'y rentrent pas pour recevoir un message préfabriqué, auto-centré. Ceci signifie donc qu'il faut être très interactif et très actif dans un serveur. C'en est donc fini des présentations figées : il faut privilégier un contenu qui puisse être en permanente évolution. Le ton ne peut plus être péremptoire, mais plutôt encourageant le dialogue, les suggestions, la participation.

Entrer sur le web, c'est enfin s'exposer à un jugement comparatif par rapport aux autres sites, du secteur ou de tout autre secteur. Les niveaux d'interactivité, d'évolution et de service du site servent d'indicateurs de l'orientation client foncière de la marque.

À un niveau plus prosaïque, pour terminer sur le sujet de l'animation, reconnaissons que la plupart des marques et logos ont été créés comme des images fixes en deux dimensions. Internet ajoute une troisième dimension et crée une obligation de mouvement, de variété, de vie. Cela bouscule les règles sacro-saintes sur l'intangibilité de la signature. Doit-on écrire RENAULT de la même façon, quelle que soit la rubrique visitée (du plus fun au plus sérieux ou corporate) ? De ce point de vue, les marques qui ont un personnage de marque jouissent d'un avantage : le porte-parole peut s'animer en 3-D.

PARTIE 2

REMARQUES : la logique de marque en question

Nous proposons ici une focalisation sur les dérives les plus fréquentes du management quotidien des marques, à partir d'exemples riches et variés, qui permettront avec le recul d'analyser le mode de management des marques dans les entreprises elles-mêmes.

10

Arrêtons
de décapitaliser

Puisque les marques sont le capital de l'entreprise, la conséquence directe de ce constat crucial est qu'il faut capitaliser toutes les actions autour de leur nom. Cette évidence mérite-t-elle d'être à nouveau répétée sans susciter l'ennui ? Oui.

L'observation des politiques de marque mises en œuvre dans les entreprises révèle un paradoxe. Chacun répète bien à l'envi que les marques sont le capital de l'entreprise, pourtant force est de constater qu'en pratique, on ne cesse de décapitaliser. Sur les tableaux ou les paper-boards des bureaux chacun dessine une architecture de marque où la marque mère trône en haut, et les marques filles sont en bas, en position donc de subsidiarité. Mais il suffit d'examiner les packagings eux-mêmes ou les publicités pour avoir une perception exacte de la réalité : en général, la marque fille y occupe une place prépondérante et la marque dite « mère » n'a parfois même pas la portion congrue que l'on accorde aux marques cautions.

> **Or, à long terme, le support de valeur est la marque mère : c'est sur elle que se concentre la valeur, la fameuse « brand equity ». Les produits et les marques filles ont pour but de rendre la marque mère toujours plus attractive, en l'ancrant dans l'actualité, dans les besoins modernes, les segments émergents. Mais ils ne seront pas éternels. Ainsi, chez YOPLAIT le cycle de vie des produits est ultra-court : de deux à trois ans au plus.**

Le réflexe de la décapitalisation

Avouons-le d'emblée : la décapitalisation est un vrai réflexe. On la fustige dans les mots mais on la pratique inconsciemment.

Dans l'univers de la téléphonie mobile, les nouveaux entrants SFR et BOUYGUES TELECOM n'ont eu de cesse de concentrer leur communication sur leur seul nom. Cherchant à acquérir au plus vite notoriété et statut, ils ont évité pendant plusieurs années de créer des marques filles, en nommant les innovations à l'aide de descripteurs sympathiques et clairs (comme « entrée libre » par exemple). Au même moment, on put assister à une décapitalisation rampante chez FRANCE TÉLÉCOM au profit de marques filles autonomes telles OLA, LOFT, MOBICARTE. Le fleuron de la téléphonie mobile qu'était ITINÉRIS fut relégué au rang de « marque label », terme honorifique pour désigner une mise en sourdine, ce qui entraîna la baisse immédiate de sa notoriété. La mention de FRANCE TÉLÉCOM devenait elle-même de plus en plus discrète sur les packs d'OLA ou de LOFT ou de MOBICARTE. Or, FRANCE TÉLÉCOM était la marque la plus connue de la téléphonie grand public. Ne pas s'en servir, c'était renoncer à un avantage concurrentiel. C'est pourquoi France Telecom remplaça ses marques par Orange.

Lorsque DIM passa sous le giron du groupe américain SARA LEE, ce dernier introduisit la segmentation, ce qui est une bonne chose, et des marques filles pour qualifier les produits correspondant à des segments d'usage : MACADAM, SUBLIM, DIAM'S, pour n'en nommer que quelques-uns. L'examen des publicités révélait que ces marques filles tenaient le haut du pavé, le logo DIM étant quant à lui relégué tout en bas à droite dans les affiches publicitaires ou les pages magazines. La décapitalisation était encore à l'œuvre.

Faux calculs

Une des conséquences immédiates de la décapitalisation est la baisse de la part de voix, ce que cachent les calculs habituels. En matière de pression publicitaire, l'habitude consiste à additionner les dépenses des SUBLIM, MACADAM ou DIAM'S ou bien des OLA, LOFT, MOBICARTE, pour établir la part de voix globale de DIM ou de FRANCE TÉLÉCOM. Ce calcul est en réalité invalide. Certes, sur un plan comptable ces sommes émanent de l'entreprise. Mais, pour le consommateur qui attribue de moins en moins ces marques filles à la marque mère rendue de plus en plus discrète dans la communication ces prises de paroles sont disjointes et ne bâtissent pas une marque commune forte ou renforcée sur les dimensions de modernité, d'actualité. On ne peut donc les additionner. Ce qui revient *de facto* à créer un déséquilibre de part de voix entre les budgets de SFR et de BOUYGUES TÉLÉCOM d'une part et ceux bien plus petits, pris isolément, d'OLA, LOFT et MOBICARTE.

Pourquoi cette dérive systématique ?

Comment expliquer ces décapitalisations systématiques ? Un psychanalyste pourrait diagnostiquer que le terme de « marque mère » est malheureux : on s'émancipe en rompant le cordon ombilical à la marque-mère, en prenant donc ses distances. Une autre raison tient aussi probablement à l'absence de souci d'entretenir le pouvoir de la marque « mère ». Au sein des entreprises, celle-ci est si familière qu'elle fait quasiment partie des murs, du décor. L'énergie se concentre sur l'innovation, ce qui est louable, mais sans le souci de nourrir la marque mère en permanence car d'elle dépend l'édifice complet. L'innovation est une « ressource » vitale pour la marque mère, encore faut-il organiser les ponts d'image et de communication entre elles deux.

Une autre cause tient à la sous-estimation du pouvoir de la marque mère et du respect qu'elle engendre à l'extérieur de l'entreprise. Lorsque la marque et l'entreprise portent le même nom, au sein des équipes internes, les griefs émis à l'égard du fonctionnement de l'entreprise, de ses lenteurs, de ses inerties, rejaillissent sur l'attitude du personnel vis-à-vis du nom de l'entreprise. Ce faisant, on projette à tort les doléances de « back office » sur la marque, qui représente aux yeux des clients le « front office » de l'entreprise. Ce mal guette beaucoup de grandes entreprises en mutation interne. C'est parfois à l'occasion d'accidents qu'il est permis d'apprécier la puissance de la marque, au cas où on l'aurait oubliée. En 1997, FLEURY MICHON, leader du prêt à manger qualitatif, entreprit de segmenter son offre en soulignant mieux sa ligne de jambons supérieurs à travers l'appellation « LES FLEURONS ». De ce fait on réduisit un petit peu la taille du cadre sur les emballages dans laquelle était écrit FLEURY-MICHON, afin de mieux faire apparaître le sceau « Les Fleurons ». Le résultat fut immédiat : les ventes baissèrent. La diminution, même légère, de l'impact visuel de la marque avait fait perdre des clients et des ventes.

Un facteur culturel explique aussi le réflexe de la décapitalisation. Dans maintes organisations, les personnes s'identifient plus à leur division, branche ou département qu'à l'institution. Les chercheurs chez FRANCE TÉLÉCOM disent d'eux-mêmes qu'ils travaillent au CNET. Les jeunes vendeurs débauchés des grands entreprises de marketing par FRANCE TÉLÉCOM MOBILES s'identifiaient tellement à leur combat pour pénétrer la grande distribution, qu'ils se sentaient plus FTM (M pour mobiles) que FRANCE TÉLÉCOM, institution lointaine pour eux, plongés dans la concurrence totale sur les routes des hypers et des grandes surfaces spécialisées.

Le dur réveil de la concurrence

C'est en général la concurrence qui fait prendre conscience de la décapitalisation rampante. Ainsi, face à NIVEA qui pratique depuis peu une politique systématique d'extension de marque dans le monde entier autour de son seul nom, n'autorisant que des marques filles quasiment descriptives (NIVEA VISAGE, NIVEA BEAUTY, etc.), L'ORÉAL sentit les limites de sa discrétion. En effet, les feux de la rampe étaient jusqu'alors concentrés sur les marques telles que PLÉNITUDE, ELNETT, PROGRESS, STUDIO LINE... agissant de façon totalement indépendantes. Où était la marque L'ORÉAL dans cet archipel ? Nulle part, reléguée à l'étage institutionnel.

Face à NIVEA qui innovait, que faisait L'ORÉAL ? Certes PLÉNITUDE innove, comme PROGRESS ou ELNETT, mais tout ce qui divise l'innovation en réduit l'impact. Il était temps de resituer la valeur ajoutée d'où elle venait : de L'ORÉAL PARIS. Désormais, dans les publicités on déclare bien « L'ORÉAL innove » à l'occasion d'une extension chez PLÉNITUDE ou tout autre marque fille. La hiérarchie a été enfin rétablie dans les publicités, sur les packagings et, probablement aussi, en interne dans les équipes.

La façon dont L'ORÉAL PARIS a recapitalisé dans la publicité est intéressante. C'est la marque qui annonce et qui parle du produit nouveau de PLÉNITUDE, de PROGRESS ou de tout autre. Visuellement, toutes les campagnes sont homogènes : il y a en fait une même campagne déclinée selon les produits, par la variation des top-modèles retenus. Le nom L'ORÉAL PARIS enserre désormais les produits par le haut et le bas, avec la signature unique (« Parce que vous le valez bien »). On sent une démarche volontariste de rétablissement des valeurs là où c'est stratégique, c'est-à-dire sur la méga-marque elle-même.

L'examen de vingt-cinq années de publicité pour EAU SAUVAGE de chez DIOR révèle aussi une rupture à partir de 1989. Après vingt-deux années de publicité où le nom EAU SAUVAGE dominait largement dans les annonces, par rapport à la mention discrète de CHRISTIAN DIOR, la hiérarchie fut brutalement rétablie : CHRISTIAN DIOR prime enfin sur un discret EAU SAUVAGE. Il était en effet plus que temps de recapitaliser. Quelle est le support de la valeur à long terme : c'est DIOR. Or plus DIOR est en retrait sur les publicités plus il paraît en retrait vis-à-vis de l'actualité en général, vis-à-vis du monde moderne, au moment même où de nouvelles marques semblent de ce fait monopoliser et symboliser la modernité auprès des nouvelles générations. Le concurrent de DIOR auprès des jeunes du monde entier, ce n'est pas CHANEL ou GUERLAIN, c'est CALVIN KLEIN ! Et encore, connaissent-ils DIOR ?

Communiquer de façon transversale

Le cas précédent nous rappelle que la méga-marque ne se bâtit pas à travers un écran de marques filles. C'est le constat que fit aussi la direction de RENAULT : l'image de la marque était en retrait sur de nombreux points par rapport à ses concurrents européens, VOLKSWAGEN par exemple. Or, l'image a un impact fort sur les remises consenties aux acheteurs de modèles : un client potentiel de Volkswagen négocie moins le taux de remise. L'image a aussi une influence sur le positionnement des modèles en termes de prix.

Le paradoxe est que les modèles de RENAULT ont une meilleure image que la marque elle-même : ils jouissent de spectaculaires succès en termes de ventes. Il y a donc une absence relative de nourrissement de la marque mère par les marques filles, l'accent exclusif mis en communication (FORMULE 1 exceptée) sur la communication des modèles ne permet pas en réalité de capitaliser assez vite et appauvrit la marque par rapport à ses concurrents. La logique de la capitalisation demande des budgets et des actions transversales d'envergure, ce qui aura des conséquences en termes d'organisation de la communication et de fonctionnement dans l'entreprise.

Capitaliser aussi sur les produits

L'automobile fournit d'autres exemples de « décapitalisation rampante », mais cette fois liée au marques des modèles eux-mêmes. Par exemple, chacun connaît le système de dénomination des modèles chez PEUGEOT : 106, 206, 306, 406...
Le premier chiffre renvoie à un niveau dans la gamme, le

troisième à la génération. Quant au 0, il correspond à l'ancienne place réservée pour le trou d'entrée de la manivelle ! Suivant ce système logique et imperturbable la 206 remplace la mythique 205. Chaque nouvelle version doit avoir un chiffre différent de la précédente. Cette logique numérique donne un coup de jeune à chaque nouveau modèle, et dope le côté innovant de la marque PEUGEOT, une dimension qu'elle doit conquérir, comme toute grande marque. Mais cette logique a aussi un coût caché, jusqu'alors non mesuré mais bien réel : elle enterre tous les investissements en communication et en image faits sur le nom de marque du modèle précédent. Après avoir bâti la réputation de « 205 », on a dû en créer une neuve pour « 206 », donc réinvestir en publicité en repartant heureusement pas de zéro. De plus, dès qu'un modèle de la gamme a un dernier chiffre en avance sur celui des autres modèles, cela donne un coup de vieux à l'ensemble de ces modèles. Or rien n'interdisait de traiter « 205 » comme N° 5 de CHANEL, ou comme 1664 de KRONENBOURG ou en fait comme GOLF de VOLKSWAGEN. GOLF fête ses 25 ans et en est à sa cinquième version. Depuis longtemps, les Japonais ont montré l'exemple en capitalisant sur des marques qui ont su traverser le temps : la CIVIC de HONDA, la TOYOTA COROLLA sont encore vivaces. De toutes façons, pour revenir à PEUGEOT, il faudra bien arrêter un jour ce système à la Sysiphe : que fera-t-on à la dixième génération ? Quel numéro suivra la 209 ?

2

Savoir faire
autorité

LA MARQUE EST CERTES UN ACTIF IMMATÉRIEL, un intangible, mais, et c'était le sens d'un chapitre précédent (4), on ne doit jamais oublier son ancrage matériel. Nous voulons aller plus loin encore en rappelant que, pour les consommateurs en situation de choix, la question aujourd'hui n'est plus celle de la qualité : dans trop de marchés matures les concurrents encore en lice sont tous de très bonne qualité. MICHELIN est-il supérieur à GOOD YEAR ? Les pneus FIRESTONE sont-ils de moindre qualité ? Les suppléments de qualité entre CONTINENTAL et UNIROYAL, s'ils existent, sont-ils vraiment proportionnels aux suppléments de prix ? Aujourd'hui une marque doit faire autorité. Cela veut dire être le référent du marché sur un élément très concret. C'est cet élément qui fera l'objet du bouche à oreille des clients toujours ravis et séduits. L'autorité ne reste donc pas vague ou immatérielle. Elle doit être concrète : elle peut porter soit sur une facette du produit, soit sur un bénéfice consommateur ou, comme c'est de plus en plus le

cas dans les marchés matures, faire autorité sur le service, l'expérience de consommation et la vision. Combien de marques sont aujourd'hui capables de dire très simplement sur quoi elles font autorité ? Peu.

Du concret à l'abstrait

Les études sur l'image des méga-marques révèlent, rappelons-le, un fait crucial et trop méconnu encore. Parmi les produits auxquels les consommateurs associent une marque, tous n'ont pas le même poids dans la formation de l'image de cette méga-marque. Certains semblent porter la marque, en être le portrait, au sens littéral du « porteur de traits ». Ces produits les plus typiques sont appelés « prototypes », non au sens de pré-série mais de meilleur exemple de la marque. Ces produits sont au cœur de la perception de la marque.

Le tableau 1 ci-après illustre le rôle-clé des produits prototypes dans l'image de la marque DANONE.

Comme le montre ce tableau, l'écart d'image entre le produit et la marque croît au fur et à mesure que ce produit devient moins typique de la marque. Les prototypes sont en fait les produits de la marque dont l'écart d'image avec celle-ci (mesuré sur une dizaine d'items) est voisin de zéro. Comme la marque n'a pas de pré-existence avant ces produits, on doit logiquement en déduire que ceux-ci ont de fait façonné la représentation collective de la marque.

La notion de prototype ne renvoie pas toujours à un produit de la gamme : cela peut être un savoir-faire ou un ensemble (la profusion des couleurs pour une marque de cosmétique comme BOURJOIS) ou une personne dans le cas de VIRGIN. L'important est donc de ne jamais oublier que, pour les consommateurs, le concret est au cœur de la marque. Pour chacune des marques sur lesquelles on l'interroge, le consommateur commence le plus souvent par décrire la marque en termes de produit ou service typique, puis de force (le point fort de ce produit ou service). Les associations immatérielles viennent après.

Comment se forme
l'image de DANONE ?

(Source : KAPFERER et LAURENT, 1998) [1]

			Écart entre l'image de ce produit et l'image de DANONE
Quels sont les produits les plus typiques de DANONE ? (échelle de 1 à 10)	DANETTE....	9.33	1.72
	YAOURT NATURE......	9.16	1.97
Produits moins typiques de la marque DANONE	FROMAGE BLANC	8.01	7.25
	LIÉGEOIS......	8.07	8.50

Curieusement, nous n'écoutons pas assez le consommateur : ce qu'il dit en premier semble n'avoir aucune importance. L'essentiel des études qualitatives brille par l'analyse de ce qu'il dit en second. Le socle de la marque reste le produit ou le service et leur point fort. Une marque dont les consommateurs ne peuvent pas dire quel est son point fort, sur quoi elle fait autorité, est en fait une marque faible. Car, même lorsqu'ils achètent pour l'image, les consommateurs veulent rationaliser leur choix : ils veulent pouvoir l'expliquer en termes de supériorité. Ils parlent du confort des dernières NIKE ou SALOMON. Ils décrivent VIRGIN ATLANTIC en termes de service, comme SATURN ou DELL. Il est temps d'écouter le consommateur.

---

1. Jean-Noël KAPFERER et Gilles LAURENT, « *Comment les consommateurs perçoivent les méga-marques* », Rapport de recherche, HEC, Jouy-en-Josas, 1998.

Écart d'image entre PHILIPS et BRANDT

(Source : KAPFERER et LAURENT, 1998) [1]
(1 = forte attribution de l'item ; 3 = faible attribution)

	BRANDT	PHILIPS	Écart [B - P]
Moderne	1.34	1.33	[0.01]
Bonne qualité	1.47	1.51	[0.04]
Aime les femmes	1.69	1.65	[0.04]
Facile à utiliser	1.28	1.34	[0.06]
Technologie	1.63	1.53	[0.10]
Rassure	1.69	1.47	[0.12]
Pas cher	2.04	2.16	[0.12]
Famille aime	1.20	1.36	[0.16]
Gadget	2.51	2.32	[0.19]
Dure longtemps	1.36	1.55	[0.20]
Proche des consommateurs	2.02	1.82	[0.20]
SPÉCIALISTE D'ÉLECTROMÉNAGER	1.24	1.50	[0.26]
Publicité	1.72	1.43	[0.20]
On en est fière	2.14	1.81	[0.33]
Progrès	1.76	1.39	[0.37]
SPÉCIALISTE DU FROID	1.42	1.82	[0.40]
Fait rêver	2.45	2.03	[0.42]
Innovatrice	1.97	1.53	[0.44]
SPÉCIALISTE DE LA CUISSON	1.43	1.93	[0.50]
SPÉCIALISTE DU PETIT ÉLECTROM.	2.08	1.51	[0.57]
SPÉCIALISTE DU LAVAGE	1.20	1.86	[0.66]
SPÉCIALISTE DE LA TV / HI-FI	2.01	1.14	[0.87]

1. Voir page 117.

Le tableau p. 118 présente l'écart d'image entre Philips et Brandt. Or, que constate-t-on ? Contrairement aux idées reçues ces deux méga-marques sont en fait peu différenciées en termes d'image immatérielle, ces fameux axes de communication sur lesquels on passera des jours en délibération dans les agences de publicité. (« Brandt voit grandir vos enfants ! », « Philips, faisons toujours plus »). En revanche, la différenciation s'éclaire dans le bas du tableau, dès lors qu'il est question de savoir-faire : les consommateurs attribuent des savoir faire bien précis à l'une ou l'autre marque. Ils savent reconnaître où chacune fait autorité.
Et votre marque, sur quoi fait-elle autorité ?

3

Révélez toutes
vos valeurs

Lors du lancement de la 406, au cours d'une discussion avec le management de Peugeot, quelqu'un fit remarquer que cette voiture avait une caractéristique particulière : c'était une des voitures les plus recyclables du marché, si ce n'est la plus recyclable. Or cette information n'était citée nulle part : ni bien sûr dans la publicité, ni dans les mailings, ni sur les stands. Elle apparaissait néanmoins quelque part au sein de la brochure produit, discrètement.

Au moment où l'on ne cesse de dire que les marques doivent défendre leur valeur ajoutée, une telle modestie avait de quoi surprendre. Certes, bien loin de nous l'idée selon laquelle la recyclabilité serait le critère déterminant d'une fraction importante des consommateurs français et devrait de ce fait être l'axe de positionnement de la 406. L'environnement n'est pas encore le critère d'achat prioritaire dans ce segment, en France (il en va néanmoins différemment en Allemagne ou en Suède).

Mais on a trop reproché aux constructeurs français de négliger l'environnement par rapport à leurs homologues allemands, toujours montrés en exemple, pour que cette modestie ne frise l'excès. Notre point de vue est formel : dès lors qu'un avantage de la marque est source de valeur, il faut le révéler. Hélas ! cette recommandation se heurte à la domination de la publicité sur les schémas de pensée guidant la communication de la marque et de ses produits.

Les limites de l'USP

La publicité a appris à se concentrer sur une promesse unique et répétitive : l'unique selling proposition. Les conditions fugaces de l'exposition publicitaire expliquent cette doctrine. Dans le cas 406, le slogan dit : « Vous ne choisirez plus entre le plaisir et la sécurité. » Dans ce territoire de communication-là, que nous ne contestons pas d'ailleurs, il n'y a guère de place pour la mise en avant des vertus écologiques avancées de ce nouveau modèle de PEUGEOT, qui tranchent précisément avec l'image de la marque PEUGEOT, perçue comme un peu en retard sur ce sujet par rapport à ses concurrents allemands. Il est vrai que l'accent stratégique mis par la marque sur le moteur diesel, très décrié à l'époque, mais bien moins aujourd'hui, desservait son image verte. L'intérêt d'un apport factuel à la perception de la valeur du modèle 406, si ce n'est de la marque PEUGEOT, n'en était que plus grand.

La communication ne se résume pas à la publicité. Aujourd'hui, la création de valeur passe par la mobilisation de toutes les sources de celle-ci et par leur communication. L'USP sanctionne la domination du média sur la pensée managériale. Il est temps d'inverser la proposition. Toute information bonne à dire doit l'être : il reste à définir sa cible, son médium et son calendrier.

Chaque valeur détermine sa cible

L'orthodoxie du marketing de la demande nous apprend à partir de la cible pour décider du message. La logique des valeurs commande un marketing de l'offre. Si votre voiture est en plus écologique, il faut prévoir un programme de micro-marketing destiné à le faire savoir auprès de tous ceux qui valorisent cet attribut : pouvoirs publics, associations de consommateurs, jeunes, groupements écologistes... Peut-être le spot télévisé doit-il recevoir une adaptation lorsqu'il passe dans le cadre de l'émission Ushuaïa ou Okavango, qui attirent une audience à sensibilité écologique. En tout cas, le chapitre écologie doit être clairement identifié dans la brochure sur le produit delivrée à tout client potentiel qui la demande, et *a fortiori* sur le site internet dédié au modèle. C'est la force d'internet de permettre cette rencontre immédiate entre le centre d'intérêt du consommateur et les attributs du modèle recherché.

Certes, cette logique accroît la complexité du travail par la multiplication des micro-cibles. Mais celles-ci sont en général plus impliquées, plus concernées et donc moteur de bouche à oreille. Le choix d'une automobile est tellement sensible au bouche-à-oreille que tous les canaux de celui-ci doivent être saturés d'informations impliquantes et crédibles. Les personnes impliquées sont des prosélytes, voire des leaders d'opinion.

La redécouverte des leaders d'opinion

Chez l'ORÉAL, les marques sont organisées en fonction du circuit de distribution et du type de vente. Par exemple, en pharmacie, la marque dermatologique, presque sous prescription, est LA ROCHE POSAY. VICHY était la grande marque généraliste de dermo-cosmétique, vendue sans assistance, en accès libre dans les rayons. Mais peut-on être une grande marque de santé sans jamais rencontrer les porte-parole de la santé que sont les dermatologues. Cette démarche était jusqu'alors réservée à la marque « médicale », LA ROCHE POSAY. Compte tenu de son envergure, de sa distribution, VICHY décida de visiter aussi les dermatologues, rompant avec des décennies d'orthodoxie (libre-service égale pas de visite du corps médical). Il ne s'agit pas d'obtenir une prescription mais de révéler la valeur pour obtenir au moins la neutralité, si ce n'est l'approbation passive bienveillante. Après tout, les produits VICHY sont issus du meilleur de la recherche de L'ORÉAL, il faut en révéler les valeurs à tous ceux capables d'en décoder les facettes. Toute marque doit ainsi s'interroger sur les leaders d'opinion qui façonnent l'opinion de ses consommateurs. DANONE choie et informe les nutritionnistes et les diététiciens grâce à sa fondation. Le concept de leader d'opinion ne doit cependant pas être assimilé exclusivement aux professionnels d'un produit ou d'un besoin. En fait, sur tous les sujets, nous consultons des amis, des proches, qui semblent en savoir plus que nous et dont nous valorisons l'avis. Peu de choses les distingue sociologiquement de nous (c'est pour cela qu'ils sont facilement accessibles) : ils se sentent plus concernés par tel ou tel sujet que nous et en deviennent des micro-experts. C'est leur savoir et ouverture à l'information qui les différencie de tout un chacun. Ils sont souvent aussi gros consommateurs de la catégorie de produit. Dans la logique de création de valeur, la marque doit déployer un système d'information pour les écouter et leur parler, reconnaissant leur spécificité et leur degré d'implication. L'internet est un moyen idéal pour nourrir leur appétit insatiable de nouvelles sur la marque, ses produits, son usage, ses racines, ses valeurs...

Image publique et image privée

La technologie moderne apporte en effet des réponses nouvelles au problème de la communication avec les leaders d'opinion. Jusqu'alors, seuls les consumers-magazines permettaient de créer cette « image privée » (au sens de club privé), différente de l'image publique commune à tout le marché. Or, les leaders d'opinion doivent être reconnus comme tels et nourris d'informations en avance et valorisantes pour eux-mêmes.

L'avènement des méga-bases de données permet d'entrer en communication avec cette cible-leader. Les leaders ont tendance à plus s'informer : ils savent où chercher l'information et en ont la motivation. Les magazines, tels DANOÉ, envoyés à des micro-cibles-leaders à partir des méga-bases de données clients, s'inscrivent directement dans cette perspective de distribution d'une information sélective. Même s'ils poursuivent aussi un objectif d'accroissement des achats par foyer, ces bases et programmes relationnels sont un pas essentiel dans la révélation de la valeur.

4

Pensez d'abord
à la taille critique

DEPUIS QUELQUES ANNÉES, on ne peut que constater la loi d'airain exercée par le concept de taille critique. Bien des recommandations intellectuellement séduisantes buteraient devant une considération simple : aura-t-on la taille critique pour être compétitifs, pour communiquer, pour exister dans la concurrence élargie ? Les constructions d'hier délimitant clairement les territoires de marques, organisant finement les couples marque/marché, positionnant bien les marques du portefeuille entre elles sont bousculées par le pragmatisme, le réalisme, les exigences de la concurrence d'aujourd'hui qui commandent de penser d'abord à la taille critique.

Parler de taille, ce n'est pas seulement faire référence aux méga-fusions dans la distribution, telles CARREFOUR-PROMODÈS, qui assurément commandent d'être capables en face, chez les fabricants, de gonfler encore plus ses muscles. La taille qui était jusqu'alors une mesure du succès (reste-t-on petit volontairement ?) devient un facteur-clé de succès.

Elle ne séduit pas parce qu'elle est flatteuse pour l'ego des managers. L'examen des faits révèle qu'avec la taille, opère une série d'effets de cliquet quantitatifs, conférant un surplus d'avantage concurrentiel aux marques leaders et expliquant leur meilleure rentabilité.

Les effets de seuil liés à la taille

La recherche auprès des consommateurs révèle d'intéressants dividendes liés à la taille, qui restent méconnus et dont profitent essentiellement les leaders.

Le premier concerne l'effet de seuil en matière de notoriété spontanée. Considérée comme un des critères-clés de la marque forte par la plupart des responsables de marketing, la notoriété spontanée est le signe d'une association presque immédiate à la catégorie de produit. L'analyse de plus de 50 catégories de produits les plus diverses[1] révèle que, en moyenne, les consommateurs citent trois marques spontanément. Si l'on élimine le n° 1 et n° 2 du marché, il reste donc une seule place à prendre pour toutes les autres marques. C'est pourquoi les marques challengers voient leur notoriété spontanée stagner alors que leur notoriété assistée, elle, ne cesse de croître. Cela se traduit par un coude marqué dans la relation entre notoriété spontanée et notoriété assistée, tel qu'en témoigne l'illustration suivante (Fig 4.1).

La conséquence opérationnelle est que, dans tous les marchés où des leaders forts existent, la marque doit atteindre un très fort seuil de notoriété assistée pour espérer voir enfin décoller sa notoriété spontanée les leaders eux sont avantagés.

---

1. Gilles LAURENT, Jean-Noël KAPFERER, Françoise ROUSSEL, « The Underlying Structure of Brand Awareness Scores », *Marketing Science*, vol. 14(3), pp. 170-179, 1990.

Effet de seuil dans la notoriété des marques
(Laurent, Kapferer et Roussel, 1990)

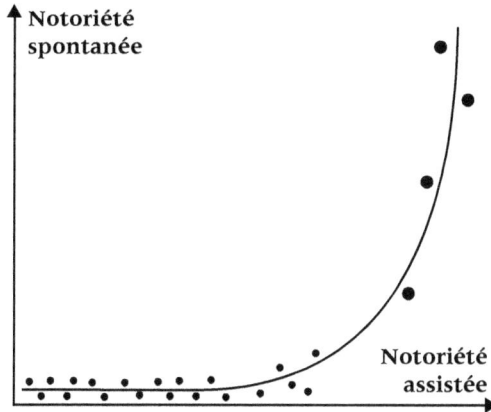

Le deuxième effet qui profite aux marques les plus grandes, et a fortiori *au leader du marché, est le biais mémoriel en faveur du plus connu.* Lorsque l'on demande aux consommateurs quelle marque ils ont acheté pendant la dernière période, ils citent d'autant plus une marque que celle-ci est connue. Trivial ? Surtout, le taux de conversion (achat déclaré divisé par notoriété) ne cesse de grossir au fur et à mesure que la notoriété de la marque croît, comme en témoigne le tableau suivant.

Souvenir d'achat et notoriété

Marque	Notoriété totale	Achat déclaré	Taux de conversion
HERTA	90 %	45 %	50 %
FLEURY-MICHON	86 %	32 %	37 %
MADRANGE	80 %	28 %	35 %
OLIDA	77 %	19 %	24 %
PAUL PRÉDAULT	76 %	20 %	26 %
AOSTE	63 %	18 %	28 %
GÉO	50 %	11 %	22 %
JEAN CABY	28 %	5 %	18 %

En somme, tout se passe comme si la notoriété produisait des rendements croissants sur le plan de la mémoire des achats récents. Plus la marque est connue, plus grande est la propension à croire qu'elle fut achetée lors du dernier achat, ce qui favorise le réachat en cas d'implication minimale. Loin de nous cependant l'idée selon laquelle il n'y aurait pas de part de marché sans notoriété : le leader des ventes de scotch whisky en hypermarché en France n'est ni Ballantines, ni Johnny Walker ou J&B mais William Peel qui n'investit pas en publicité.

Le troisième effet privilégiant les marques fortes fut mis en avant par A. Ehrenberg. Ce chercheur britannique analysant les seules données de panel, donc de comportement, révéla que plus une marque grossissait en pénétration du marché plus le taux de fidélité augmentait et plus le volume acheté par consommateur croissait (cf aussi page 189).

On comprend que chacun essaie de tirer parti de ces statistiques et tente de bénéficier des dividendes de la taille.

Révolution dans les portefeuilles de marques

La conséquence de ces chiffres est importante dans la gestion des portefeuilles multi-marques. Le souci de l'efficacité prime désormais sur la finesse des architectures. L'exemple de Domaxel est symptomatique de cette révolution.

Domaxel est le premier groupement de commerçants indépendants et le troisième distributeur français de bricolage et de l'équipement de la maison. Il exploitait cinq concepts d'enseigne :

• Bricosphère, avec une surface moyenne de 1 200 m² par magasin, un concept proche de la majorité des grandes surfaces de bricolage ;

• Maison Conseil, réunissant l'univers masculin du bricolage et celui féminin de la décoration. La surface moyenne est de 850 m² ;

- Bricorelais, une franchise de magasins de proximité pour centres urbains (550 m²) ;
- le réseau Dompro, s'adressant aux professionnels ;
- et, enfin, des magasins à l'enseigne Manufrance.

Aujourd'hui, ce qui fait la force d'un groupe, ce n'est pas la somme de ses parts de marchés ou des volumes attachés à chaque enseigne ou à chaque marque : c'est la force intrinsèque de ses marques. De ce point de vue, dire de Domaxel qu'il est le troisième distributeur derrière Castorama et Leroy-Merlin, c'est cacher une réalité : aucune de ses « marques » ou enseignes n'est forte. Comment alors fédérer 600 commerçants indépendants sous une même bannière alors que l'un des canons habituels d'une saine gestion, selon tous les manuels de distribution, est que l'on ne peut donner un même nom à des surfaces de vente par trop différentes, *a fortiori* à des enseignes représentant des concepts spécifiques ?

Le management est l'art du possible. Face à deux géants, Castorama et Leroy-Merlin, peut-on faire du purisme ? L'important n'est-il pas enfin de montrer sa force, pas uniquement comme avant, au niveau de la seule centrale d'achat, mais en tant que force agissante, sur le marché, au service des consommateurs ? C'est ce qui fut fait en 1999 lorsque l'ensemble des points de vente passa de plein gré sous l'enseigne unique Weldom. Ce simple changement de nom accrut le chiffre d'affaires des points de vente de près de 10 %.

L'hôtellerie fournit un autre cas d'école où les considérations de compétitivité doivent primer. Le groupe Hôtel et Compagnie gérait trois chaînes d'hôtel, chacune positionnée sur un segment de marché :

- Nuit d'Hôtel, avec quarante-cinq hôtels, est concurrent de Formule 1 dans le segment dit zéro étoile. Sa différenciation tient à ce qu'il propose, lui, des chambres avec chacune un WC et un lavabo intérieurs, les douches, elles, étant extérieures ;

- Balladins, (77 hôtels), sur le haut du segment une étoile, propose une hôtellerie et une restauration face à Etap Hôtel (105 hôtels).

- CLIMAT DE FRANCE enfin (158 hôtels) est positionné sur le segment deux étoiles face à la chaîne IBIS ou CAMPANILE (respectivement 285 et 310 hôtels).

À quoi servent des différences si elles ne sont pas connues, faute de pouvoir être communiquées ? À quoi sert de laisser une bonne impression si l'on ne peut fidéliser par un maillage dense du territoire ? Très vite, en 1999 il fallut se rendre à l'évidence : les règles du jeu avaient changé.

FORMULE 1 l'a très bien compris. Ce créateur d'un nouveau segment (le zéro étoile) a cherché à acquérir très vite la masse critique, avec 300 hôtels, pour pouvoir justifier un très fort budget de communication et s'affirmer ainsi le leader dominant, le référent du marché. Si l'on compte 50 F de publicité par chambre et par mois, IBIS put lui aussi mobiliser plus de 10 millions de francs avec ses 20 000 chambres. CLIMAT DE FRANCE lui ne pourrait investir que 4 millions et demi de francs avec ses 9000 chambres. L'un peut envisager le média télévision, l'autre pas ! Que peuvent espérer BALLADINS et, *a fortiori*, NUIT D'HÔTELS ? Ce sont de bons produits certes, mais leurs marques sont faibles. C'est pourquoi des regroupements d'enseignes s'imposaient. Ne valait-il pas mieux capitaliser sous une seule marque en regroupant les hôtels NUIT D'HÔTEL sous l'enseigne BALLADINS EXPRESS, déclinaison de BALLADINS ? Après tout, le leader mondial HOLIDAY INN capitalise sous sa marque unique mais différencie les produits par des descripteurs comme HOLIDAY INN EXPRESS, HOLIDAY INN GARDEN COURT...

La démarche de capitalisation pour dépasser les effets de seuil n'est pas neuve, elle s'accélère et s'accentue. Déjà, la marque LABEYRIE avait saisi qu'elle n'avait aucune chance de communiquer sa différence en se cantonnant au seul foie gras, un produit trop saisonnier. L'extension de marque sur le saumon et le magret permet à la marque d'atteindre le seuil d'un budget de création de notoriété, et de faire de la télévision.

Claude Bébéar fut un adepte de la première heure de la notion de taille critique. Dès la création du groupe AXA, il n'eut de cesse de faire disparaître le nom des sociétés d'assurances qu'il rachetait. Qui se souvient de DROUOT ou d'UAP, pourtant le n° 1 pendant des années ? La même politique est menée systématiquement à l'international lors du rachat par Axa de sociétés d'assurances localement très connues. Leur nom est remplacé par Axa, après une période de transition réduite au minimum. C'est ainsi que Équitable est passée à la trappe.

Il y des raisons fortes à cela. L'une d'elles est la volonté de très vite marquer l'entreprise de sa nouvelle culture. L'autre est la mondialisation.

Les exigences du « *market space* »

Les compagnies d'assurances vendent de la réputation, de la crédibilité à long terme, tout ce qui rassure. La puissance de leur nom garantit (?) qu'elles seront encore là dans un siècle. Mais aujourd'hui la puissance se mesure par la notoriété mondiale. *Big is beautiful*. Les marques d'assurances ne concourent plus sur le plan local mais dans ce que l'on appelle le « market space », cet espace immédiat et sans frontières de la communication mondiale, fax, Reuter, CNN, Bloomberg et internet obligent. Dans cette cour des grands, le ticket d'entrée est élevé : il est le signe des marques de « classe mondiale ». En même temps, Axa vend de la relation, de l'écoute, de l'orientation client : c'est pourquoi la relation directe, humaine, avec l'assureur reste nécessaire. Il importe peu qu'Équitable aux USA ou Prudential en Allemagne ou Uap disparaissent en tant que marques si cela permet à Axa, petit à petit, de faire partie du cercle limité des marques mondiales par leur envergure et leur champ d'action, tout en préservant la continuité et l'intimité du lien local ; soit de personne à personne soit grâce aux communications interactives.

La distinction entre « *market space* » et « *market place* » est fondamentale[2]. Market space renvoie à l'idée d'un espace de concurrence totalement ouvert et indivisible désormais, au niveau de la circulation des signes, et des informations ou communications. Les marques doivent intégrer qu'elles sont

© Éditions d'Organisation

---

2. Jeffrey Raypont et John Sviokla, « Managing in the marketspace», *Harvard Business Review*, vol. 72(6), p. 141, 1994.

désormais en concurrence sur ce champ ouvert des signes et symboles mondiaux. « *Market place* » rappelle que la prestation matérielle, tangible, reste assujettie aux contraintes des réglementations nationales, des cultures locales, de la distribution. Les deux espaces ne se gèrent pas forcément en parallèle : la force d'AXA est de laisser une très grande autonomie aux équipes locales pour optimiser les services et la relation dans le « *market place* ». En revanche, la gestion du symbolique, elle, ne se divise pas, ne se délègue pas : il n'y a qu'une seule image de marque AXA sur le plan mondial.

Redéfinir la victoire

Créér des méga-marques impose de prendre le point de vue des consommateurs. Comment eux définissent-ils une méga-marque ? Est-ce une marque leader de son segment, comme SOUPLINE dans les assouplisseurs textiles ? Le chef de marque est content des résultats de SOUPLINE, mais le consommateur voit-il SOUPLINE comme une grande marque, une de celles qui commande le respect, l'admiration pour le travail réalisé depuis 30 ans au service des consommateurs ? Tant que SOUPLINE ne sera qu'un adoucissant textile, il est à craindre que non. Pour faire une méga-marque, il faut élargir sa mission, sortir du simple cadre du produit. Cette démarche a un premier avantage : elle rend humble. Une part de marché de 30 % dans les assouplisseurs se réduit dès lors que l'on situe le marché de référence, la catégorie dirait-on, comme le soin du vêtement, ou même le soin de la maison. En redéfinissant la victoire, on donne d'autres ambitions à la marque, d'autres perspectives de développement aussi en particulier dans les services, levier nécessaire désormais de la valeur des marques. Cela redéfinit l'organisation des entreprises aussi.

5

Image de marque n'est pas usage de marque

CONNAISSEZ-VOUS SERGIO ZYMAN ? Ce mexicain sur-nommé « Aya Cola » fut senior vice-président et directeur du marketing de la COCA-COLA Beverage Company jusqu'en mai 1998. Dans son dernier livre[1] consacré à l'extraordinaire croissance de COCA-COLA (il fit passer les ventes de COKE en cinq ans de 10 à 15 milliards de caisses par an) une phrase revient sans cesse : « Le succès tient à ce que nous n'avons jamais oublié que le but de COCA-COLA est d'amener le plus de gens possible à boire le plus de coke possible le plus cher possible pour que l'entreprise gagne encore plus d'argent. »
Cette déclaration très directe a l'avantage d'attirer l'attention sur le grand levier de la croissance de COCA-COLA : faire boire toujours plus de COKE aux gens qui en consomment déjà. Le caractère direct de sa formulation heurtera certainement les adeptes du marketing de la relation, plus à l'aise

© Éditions d'Organisation

---

1. Sergio ZYMAN, *The End of Marketing as We Know it,* Harper Collins, New York, 1999.

dans un vocabulaire tout en nuances insistant sur l'établissement d'une relation à long terme, d'un contrat relationnel avec le consommateur. Il ne s'agit pas ici d'opposer ces deux points de vue mais de rappeler que le volume per capita devrait être une des préoccupations majeures pour accroître la valeur des marques. Il est certes nécessaire de développer la notoriété et l'image de la marque : ce sont des leviers de préférence indéniables. Mais chacun connaît des marques très connues, aimées du public, dont les publicités figurent au hit parade créatif mais dont les ventes n'arrivent plus à dépasser un certain plateau. Il y a donc une nécessité de traiter par des moyens appropriés le problème de la croissance du volume per capita. Même si l'image influence le comportement, ce dernier a des déterminants spécifiques. De plus, à l'inverse des produits de luxe où la consommation crée la désillusion et use le rêve, pour les biens courants la consommation est facteur de proximité, de familiarité et d'habitude, donc de fidélisation. Accroître l'usage de la marque est ainsi une autre façon d'augmenter la « brand equity », la valeur financière de la marque.

Hélas, le volume per capita n'est pas, loin s'en faut, la préoccupation des plans marketing de bien des marques. Pourquoi ?

Les freins à la préoccupation du volume

Aujourd'hui, tirant les leçons de toutes les analyses menées sur la relation entre rentabilité et fidélité, les entreprises ont rééquilibré leurs objectifs de marketing : moins de conquête pour plus de fidélisation. Il s'agit désormais d'augmenter la part de la marque dans les choix de chaque consommateur, d'accroître le taux de nourriture de la marque (sur 100 occasions d'achat, combien de fois un consommateur opte-t-il pour notre marque ?). Les programmes de fidélisation, les promotions liées à un achat répété y concourent, comme la communication directe sur les valeurs de la marque, personnalisée grâce au ciblage que permettent les bases de données[2] ou grâce à un site internet vraiment interactif.

Pour autant, rares sont les plans de marketing prenant pour objectif prioritaire l'augmentation systématique du volume consommé par individu.

Il y a des raisons culturelles à cela. Plus on parle, comme c'est la mode actuelle, de faire du consommateur un « ami », de ne plus s'adresser à lui comme à un consommateur mais comme à une personne, plus la perspective de lui vendre l'idée d'acheter encore plus paraît d'un autre temps.

Mais, dans les marchés matures que sont les nôtres, la croissance ne tient plus à des stratégies extensives mais intensives. On n'augmentera la valeur de la marque, donc de l'entreprise qu'en développant l'intensité du lien entre chaque consommateur et la marque. Pour ce faire, il est certes louable et utile de faire aimer la marque, de la faire comprendre, de révéler ses valeurs, son éthique, mais, si ce lien doit rester platonique, il ne crée pas de valeur pour l'actionnaire. Il ne produit pas plus de consommation. Or nous avons tous connu des marques portées au firmament des scores d'empathie ou dont les publicités font crever le plafond des scores d'adhésion, mais dont la consommation *per capita* reste déséspérement plate.

Le problème est que l'accroissement du volume *per capita* ne découle pas *ipso facto* d'une plus grande adhésion à la marque, d'une plus grand estime pour elle. Ce serait plutôt l'inverse : le comportement précède ici les attitudes. Or, il est plus valorisant dans les équipes marketing de s'occuper du lien, de la relation entre le consommateur et la marque que de faire croître le volume.

Le deuxième frein à l'optique du volume *per capita* est qu'elle est absente de la plupart des sources d'information de base en marketing. Combien de sociétés ou de marques ont pris l'habitude de segmenter le marché selon les deux axes essentiels que sont d'une part le taux de consommation et le taux de nourriture de la marque d'autre part ? En général, toutes les études menées jusqu'alors par la marque partent d'une autre segmentation : psycho-graphique, socio-démographique ou opposant simplement les acheteurs aux non-acheteurs.

2. Hervé POINTILLART et Dominique XARDEL, *Mégabases*, Village mondial, Paris, 1996.

L'orientation volume bute donc à court terme sur un frein informationnel. Par définition, la culture des sociétés d'études qualitatives n'est pas comportementale. Elles promeuvent ce qu'elles savent bien faire : la quête du fond de marque, de son essence immanente.

L'orientation volume passe donc au préalable par une révolution culturelle dans l'entreprise et chez tous ses partenaires d'études, qualitatifs ou quantitatifs, pour qu'ils ré-analysent leurs données suivant la préoccupation du volume de consommation.

Il en va de même des agences de publicité. Si la publicité en tant qu'investissement est au service du volume, elle doit intégrer ce paramètre dans ses propres critères d'évaluation de ce qui est ou non une bonne copie, une campagne efficace ou non. Il est symptomatique par exemple que dans tous les films de Coca-Cola, quelqu'un boive physiquement et en tire un sentiment de plénitude rafraîchie. Ces films montrent tous la consommation de la marque, d'une façon ou d'une autre. Sur les affiches actuelles de Seven Up est écrit en gros le mot soif. L'orientation vers la consommation est un réflexe chez Coca et Pepsi.

Bâtir la matrice stratégique

Toutes les marques devraient connaître avec précision la répartition de leurs acheteurs dans la matrice stratégique du volume. Celle-ci a deux dimensions : le volume consommé par individu d'une part, le taux de nourriture d'autre part.

En croisant ces deux dimensions, (subdivisées chacune en niveau faible, moyen et fort), on définit ainsi huit segments comportementaux pertinents pour travailler sur l'accroissement du volume. Encore faut-il que les sociétés de panel aient proposé à leur client cette matrice décisionnelle de base. Si ce n'est le cas, il faut la demander ou se donner les moyens de l'obtenir.

Matrice stratégique de l'orientation vers le volume

TAUX DE NOURRITURE DANS LE MÉNAGE

	FAIBLE	MOYEN	ÉLEVÉ
VOLUME *per capita :* **FAIBLE**			
MOYEN			
FORT	///////		

Chaque case de la matrice ci-dessus correspond à une problématique comportementale et fait donc l'objet d'une analyse séparée. On doit d'abord en dénombrer les consommateurs et les décrire en termes de volume de la marque consommé *per capita*, volume de la catégorie consommé, raisons de consommation, circuits de distribution, formats et packagings préférés. Le dénombrement permet de saisir l'importance quantitative du segment crucial en bas à droite de la matrice : nos consommateurs à la fois gros consommateurs *per capita* et à très fort taux de nourriture. Appelons-les fanatiques ! Ils peuvent représenter jusqu'à 70 % du volume, tout en n'étant que 20 % de l'ensemble.

La matrice permet surtout de choisir les segments-cibles que l'on souhaite faire évoluer en volume et de mettre en œuvre des plans marketing pour chacun de ces segments. Au préalable, il faut diagnostiquer les raisons pour lesquelles la marque est beaucoup ou peu consommée, et les leviers d'une augmentation de ce volume, même chez les gros consommateurs. Va-t-on travailler horizontalement (en accroissant le taux de nourriture) ou verticalement (en accroissant les volumes consommés, à taux de nourriture constant) ?

Le marketing des situations

Accroître la consommation de la marque, c'est chercher à élargir sa base, son territoire d'usages. C'est moins un combat au sein de la catégorie de produit que contre d'autres catégories. La bière, il y a longtemps, était un produit consommé exclusivement dans l'est ou dans le nord de la France, ou bien avec la choucroute. Les marques ont su en faire la boisson de la désaltération de 10 heures du matin à 10 heures du soir pour les hommes et les femmes modernes. Pour rattraper le « retard » de la consommation de COCA-COLA des Français, cette marque a défini des plans marketing par situation : le plus important est celui qui a pour ambition de faire du Coca la boisson quotidienne que l'on prend aux repas. Ce marché potentiel est si énorme qu'il mobilise l'essentiel des énergies de COCA-COLA. Ici, la marque essaie de modifier les habitudes culturelles des Français en les amenant à remplacer l'eau naturelle, de source ou minérale, par sa boisson gazeuse sucrée. Elle est aussi en concurrence avec la bière sur ce marché. Le travail ne peut se faire que cible par cible, concurrent par concurrent. Il s'agit d'un travail de micromarketing : définir un marketing-mix spécifique correspondant à chaque situation de consommation où l'on veut accroître la part de marché de la marque. Le travail sur le volume s'accompagne donc nécessairement de plusieurs plans situationnels simultanés. Ce marketing au scalpel tourne le dos à l'illusion de vouloir traiter tous les problèmes par une grande campagne et un grand plan promotionnel globaux. Quels sont les principaux leviers de ces plans de marketing situationnel ?

• *Le premier est le ciblage.* Comme l'ont montré toutes les analyses de panels et celles des méga-bases de données, les plus gros potentiels de croissance se trouvent en général auprès des plus gros consommateurs de la marque ou de la catégorie. 20 % des acheteurs de produits DANONE représentent 70 % de son volume et de sa profitabilité. Or, rien ne nous dit que nos gros clients sont des consommateurs exclusifs. Il y a toujours un potentiel d'augmentation de notre taux de nourriture au sein des situations de consommation existantes : encore faut-il analyser les raisons qui freinent l'accroissement de ce taux de nourriture (image du produit, image de son utilisation, format, packaging, goût, disponibilité en distribution, prix, etc.). On peut aussi créer de nouvelles situations pour redéfinir le dénominateur du taux de nourriture en étendant les occasions de consommation.

- *La croissance du volume passe souvent par le lancement d'un nouveau produit, d'une extension de ligne.* Il s'agit de supprimer tous les freins à la consommation. Le produit lui-même peut être un frein. Par exemple, aux États-Unis, le géant de la bière, MILLER, lança la Miller Lite, plus facile à boire en quantités que le produit standard. On se souvient en France de la bière rousse GEORGES KILLIAN et de son fameux gentleman brasseur. Ce que l'on sait moins est que du fait de son goût et de sa texture, il était pratiquement impossible de boire deux bouteilles de G. KILLIAN d'affilée. Par sa formule, la marque était structurellement handicapée en termes de croissance intensive, comme l'est aussi Perrier du fait de ses grosses bulles, certes distinctives mais freinant la consommation répétée, à l'inverse des huiles essentielles dans le COCA-COLA qui font que l'on a toujours soif après avoir bu. COCA-COLA remarqua que les freins inconscients à la consommation étaient, au-delà d'un certain âge, le souhait de limiter l'apport de sucre ou de caféine : d'où la création de deux extensions, le Coke-light et le sans caféine. Le lancement récent des « GIVRÉS D'ORANGINA » vise à rapprocher l'image de cette marque de la notion de soif, de rafraîchissement fort, d'apport de froid en quantité, notions peu présentes jusqu'à ce jour dans le positionnement de la marque qui insiste sur son taux de pulpe naturelle, ce qui en fait presque un aliment liquide. De ce point de vue, il n'est pas neutre que les « Givrés » soient disponibles exclusivement en bouteilles d'un litre.

L'analyse sensorielle permet aussi d'analyser de façon très fine les paramètres de satiété. ORANGINA rouge fut lancé pour accroître la consommation d'ORANGINA chez les plus gros consommateurs de soft drinks, les adolescents. La formule d'Orangina rouge était en plus de nature à faciliter l'absorption en quantité en cas de grande soif.

* *Le troisième facteur de création de volume* per capita *est la distribution.* Par exemple la proximité entre le produit et le besoin facilite le choix de la marque presque de façon mécanique. La firme COCA-COLA n'a de cesse de rapprocher ses marques du lieu du besoin. On trouve des distributeurs automatiques de canettes de COCA-COLA désormais dans tous les couloirs d'HEC, dans toutes les salles d'attente des aéroports, gares, centres de loisirs, stades, piscines, etc. Compte tenu du prix fixe, cela permet en plus de vendre le soft-drink à un prix au litre bien plus élevé que s'il avait été acheté en bouteille d'un litre et demi dans un magasin discount. La multiplication des petits refrigérateurs externes pour les bars et cafés ne sert pas d'autres objectifs. En plus, cela constitue une fantastique barrière à l'entrée pour tout soft-drink concurrent. Le cafetier hésitera à mettre de l'ORANGINA dans le petit réfrigérateur aux couleurs rouge de Coke.

La distribution est aussi la clé d'accès aux nouvelles situations d'usage que l'on veut pénétrer pour élargir la position de la marque. Compte tenu de la montée systématique de la restauration hors domicile, qui contrôle la restauration collective contrôle le volume. Il fallut attendre 1997 pour que McDONALD'S FRANCE autorise la vente d'ORANGINA. Quand on sait l'importance des chaînes de fast-food auprès des adolescents, en volume comme en image, on comprend le handicap de toute marque qui serait absente de ces lieux de consommation où se façonnent les rituels, les habitudes alimentaires que l'on conserve à domicile. Qui n'a pas remarqué dans tous nos cafés et bistrots traditionnels une petite affiche présentant un prix global promotionnel pour un sandwich et une bouteille de 50 cl de COCA. Il s'agit d'installer une nouvelle habitude en se greffant sur une ancienne : le trop fameux jambon, beurre, cornichon !

- *Comme l'illustre l'exemple précédent, le format, le packaging doivent s'adapter si l'on souhaite mener un marketing de volume* per capita. Il n'est pas neutre de proposer une bouteille de 25, de 33 ou de 50 cl. Pour les achats en hypermarché, les études montrent que le passage d'une bouteille d'un litre à un litre et demi crée un accroissement de volume net. Chaque format, chaque packaging, doit être pensé en fonction de la situation de consommation spécifique qu'il vise. L'important n'est donc pas d'offrir une gamme mais de cibler des usages.

- *Le prix est aussi un élément-clé du marketing orienté vers le volume* per capita. Il ne s'agit pas tout simplement de baisser les prix : chacun sait écouler du volume en le rendant gratuit. Combien de marques font crever le plafond à leurs ventes au détriment de la rentabilité et de la « *brand equity* ». Ici encore un travail rigoureux d'analyse et d'expérimentation sera nécessaire. Pour lutter contre l'image de produit cher et développer la consommation, DISNEYLAND Paris fit un audit minutieux de tous ses prix. Par exemple, on constata que proposer dans un restaurant du parc de loisirs une entrée à 50 francs et un plat à 70 francs conduisait les visiteurs à trouver que c'était bien cher et, en conséquence, à ne choisir que le plat principal. L'expérimentation révéla qu'une baisse légère du prix de l'entrée et du plat principal amenait les visiteurs à commander en fait les deux !

- *On ne peut développer les usages sans donner aux consommateurs les raisons pour lesquelles la marque est idéale pour la nouvelle situation en question.* Dans le marketing orienté vers le volume, il est important de diviser le volume en deux : la partie « acquise » et la partie à gagner. Chacune de ces parties nécessite un investissement. En premier lieu, on doit toujours défendre le volume acquis en renforçant les déjà consommateurs. Il s'agit ici d'un budget intangible qui fort heureusement correspond à des investissements décroissants par personne, au fur et à mesure que celle-ci est

143

consommatrice de longue date. On sait que c'est ainsi que la fidélité produit de la rentabilité[3].

L'accroissement de volume via la conquête de nouvelles situations de consommation (éventuellement auprès des mêmes personnes que ci-dessus) réclame aussi un investissement, conséquent. On ne crée pas un nouveau marché sans budget en rapport avec l'objectif d'élargissement du champ de concurrence de la marque. La simple mise à disposition du bon produit dans le bon format au bon endroit ne suffit pas : il reste à donner les raisons de consommation. Hélas ! combien d'extensions de ligne visant à élargir le champ de la consommation ont été tuées *de facto* par l'absence de soutien conséquent en communication : la simple adjonction du nouveau produit en vignette à la fin des spots publicitaires ne suffit pas.

Un cas d'école : le marché du téléphone

Depuis la dérégulation du marché des mobiles, la stratégie des opérateurs, tournée vers la baisse systématique des prix pour acquérir des clients, n'a de sens dans la perspective de voir ces mêmes clients décupler leur consommation *per capita*. Acquérir et fidéliser un client dont la consommation va croître de façon exponentielle offre des perspectives de rentabilité justifiant le montant spectaculaire des investissements réalisés dans ce marché. C'est pourquoi aussi la valorisation de chaque client de la téléphonie mobile avoisine 60 000 F, presque 10 000 euros. Examinons les leviers de libération du volume *per capita* dans ce secteur.

Le premier fut la mise à disposition du produit lui-même, le mobile, à un coût sans rapport avec la valeur réélle de l'appareil. En France, à la différence des autres pays européens, l'appareil est presqu'intégralement subventionné, compris dans le prix global d'un package, d'un forfait. Or, une fois l'appareil en poche, on s'en sert.

---

3. Frederick REICHHELD, *The Loyalty Effect*, Harvard Business School Press, 1996.

Parce que la téléphonie mobile commença dans la sphère professionnelle, les opérateurs ont dû inventer des produits nouveaux, simples d'accès, proches des consommateurs, sympathiques. Le modèle du genre fut OLA, sorte de TWINGO ou d'IMAC du téléphone mobile avec forfait. Il s'agissait d'une formule ultra-simplifiée créée par FRANCE TÉLÉCOM, associée à un appareil le plus simple possible. Formule idéale pour toutes les personnes que la téléphonie mobile inquiète avec sa multitude d'options, de forfaits, de matériels, de variantes. Reconnaissant que la libération du volume allait de pair avec la réduction des contraintes, FRANCE TÉLÉCOM créa et domina le segment de la carte avec son produit MOBICARTE : ici plus de forfait, plus de lien à l'institution. Paradoxalement, les clients de la téléphonie mobile sans abonnement payaient cher leur désir de liberté. Le coût de l'appel était plus cher que dans les formules à forfait.

BOUYGUES TÉLÉCOM fut le premier à comprendre l'intérêt stratégique de la grande distribution et de la présence en hypermarchés. Ce circuit, outre qu'il vulgarise la consommation, contribue à l'image d'une consommation libérée de toutes contraintes. Ajoutons que la formule du dépôt-vente est aussi une incitation majeure pour la grande distribution qui ne prend donc guère de risques dans ce marché. La vente à prix de gros des communications à la distribution lui permet de revendre à ses clients à un prix discount, augmentant encore de ce fait l'image d'une téléphonie désormais sans contraintes et de moins en moins chère.

Les services sont aussi des leviers discrets, mais néanmoins très efficaces, du volume *per capita*. L'option de prix réduit sur la liste de numéros de nos meilleurs amis engendre une hausse systématique des appels : dans les tribus modernes, la communication est le nouvel oxygène. Rester connectés à tout moment, ensemble, à notre réseau social, est la nouvelle façon d'exister. L'option de signal sur poste occupé produit aussi une hausse du volume. L'appelé suspendant sa communication provisoirement pour prendre un nouvel appel va de ce fait déclencher une impulsion, qui sera donc facturée avant de rappeler la personne ultérieurement. De la même façon, la messagerie certes fort utile reprend le principe du répondeur téléphonique, qui double le volume consommé via le rappel de ceux qui ont laissé un message. La vente de kits automobiles de recharge des mobiles produit aussi subrepticement de la croissance de volume. L'expérience indique que les téléphones dotés de ce kit ne sont jamais à court de batterie et peuvent donc communiquer plus longtemps. Comme on le constate, l'orientation volume concerne toutes les facettes du marketing et passe par un travail systématique, minutieux.

Consommation et pénétration

L'accent sur la consommation *per capita* permet d'accroître significativement la rentabilité de la marque, à taux de pénétration constant. Néanmoins, comme l'ont montré les travaux déjà anciens du chercheur britannique A. Ehrenberg[4], il existe une corrélation entre pénétration du marché et volume *per capita*. Ainsi, les marques leaders du marché jouissent à la fois d'une plus forte pénétration que les autres et aussi d'un plus fort taux de fidélité et d'un plus haut volume de consommation *per capita*. Ehrenberg appela ce phénomène « double jeopardy » c'est-à-dire le double danger (pour les marques challengers bien sûr). Ceci nous indique qu'à terme, l'accroissement continu de la fidélité et des volumes *per capita* de la marque passe aussi par l'extension de la base de ses consommateurs. Nous reviendrons sur ce point ultérieurement (cf page 189). D'ailleurs, aujourd'hui certaines opérations dites de fidélisation comme le ticket Leclerc reçoivent un tel battage médiatique qu'elles en deviennent opérations de recrutement.

---

4. Andrew Ehrenberg, *Repeat-Buying*, London, Edward Arnold, 1972.

6

Renouez la relation perdue

JAMAIS ON A AUTANT CHERCHÉ à entrer en relation avec les consommateurs ou à créer une relation vraie et durable avec ceux-ci. Est-ce l'aveu d'un échec du marketing ? Après tout l'essentiel du marketing ne consiste-t-il pas à rester centré sur le consommateur, à son écoute pour mieux répondre à ses besoins, à tout faire pour le satisfaire et le fidéliser ? Au vu de la pléthore de livres américains publiés ces dernières années sur le thème du marketing relationnel, il faut croire que le constat était négatif.

Le concept de relation renvoie en réalité à plusieurs sens selon les auteurs. Pour certains, c'est le nouveau nom des programmes de fidélisation. Pour d'autres c'est une philosophie de management radicalement différente. Tous néanmoins visent à reprendre le contrôle de la relation perdue avec le client, que la grande distribution considère désormais comme sa propriété exclusive.

Au-delà de la vente

Dans son sens premier, la démarche vise à substituer à la vente une volonté de créer une relation dans le temps, durable et personnalisée, donc plus profitable que l'éternelle conquête de nouveaux prospects. Lorsqu'un client entre dans une concession automobile, cela consiste par exemple à reconnaître que, s'il rentre, c'est qu'il a déjà choisi ou en tout cas considéré votre marque parmi les marques éligibles (la « short list »). Tout doit alors être fait pour qu'il ait envie de revenir lors de son prochain achat. Comment se comporter pour laisser une trace durable qui fasse de la marque un prétendant automatique, dans quatre ou cinq ans ? Cette révolution tranche avec le souci de vendre le plus possible d'options au client, dès ce premier achat.

Les études du Cabinet Bain ont largement contribué à diffuser cette préoccupation[1]. Les chiffres probants avancés sur la rentabilité des clients fidèles sont désormais bien connus.

L'exemple le plus spectaculaire de réussite en matière de fidélisation est SATURN. Cette marque fut créée par GENERAL MOTORS en lui donnant une mission à l'époque (1980) impossible : fabriquer des automobiles et une marque 100 % américaine dépassant les automobiles et marques japonaises en taux de satisfaction client et en taux de fidélisation. Outre un accent révolutionnaire sur la qualité des produits, cela passa par une révolution complète dans les procédures de « vente», d'après-vente, de suivi permanent[2]. Le concept de relation remplace chez SATURN celui de transaction. Une des clés du succès de SATURN se trouve dans la mise en œuvre effective de toutes les conséquences du principe suivant : « Traitez vos clients comme vous aimeriez vous-même être personnellement traités ! » Cette déclaration déjà entendue a de telles incidences sur le comportement habituel des entreprises qu'elle reste en général un vœu pieux. Elle affecte non seulement le processus de « vente » mais aussi l'organisation elle-même. Que veut en effet un client normal si ce n'est un

1. Frederick REICHHELD, *L'Effet Loyauté*, Dunod, Paris, 1996.
2. Vicky LENZ, *The Saturn Difference*, John Wiley and Sons, New York, 1999.

interlocuteur unique qu'il peut appeler à tout moment. Cela conduit à faire tomber les cloisonnements entre marketing, avant-vente, après-vente, ou encore à créer une seule base de données client, là où il en existait plusieurs, une par département ou fonction dans l'entreprise.

Une autre clé du succès de SATURN tient donc à la personnalisation des relations. En effet, que signifie « relation » si l'interlocuteur est anonyme ou jamais le même. Chez SATURN, après avoir conduit sa voiture pour une réparation, le client trouve un petit mot du mécanicien qui l'a réparée avec son nom ainsi que son numéro de téléphone pour plus d'information. À ce jour ni MERCEDES, ni BMW ne fournissent un tel service. Tout au plus ont-ils créé des magazines de marque et des communications suivies avec chacun de leurs clients sur un certain nombre de thèmes proposés au choix de ceux-ci. Hélas ! le service ne fait pas partie des thèmes proposés !

La personnalisation de la relation est une facette cruciale. C'est elle qui fidélise les clients des assurances, malgré les fusions et acquisitions en cascade. À titre personnel, je me souviens avoir reçu une offre m'incitant à devenir client de BANQUE DIRECTE. Curieusement, la lettre était signée par le directeur de marketing. Quelle erreur ! Tout l'intérêt de la banque directe est l'accès symbolique au banquier lui-même (ce que les anglais nomment le « *private banking* »).

Contrat relationnel

L'arrivée récente des méga-bases de données a enfin permis de traiter individuellement et en direct des personnes reconnues dans leur singularité de personne et d'acheteur. Cette révolution technologique vient à point pour toutes les marques menacées par l'écran de la grande distribution, dans des marchés où l'innovation liée au produit a ses limites. Désormais, il est possible de repérer individuellement ses meilleurs clients, fussent-ils plusieurs millions et, à partir d'une compréhension affinée de chacun d'eux, de leur envoyer la bonne information ou la bonne promotion au bon moment, ce qui fait disparaître l'impression désagréable liée aux offres en masse du marketing direct traditionnel. La base de données est donc le moyen de bâtir une intimité avec ses meilleurs consommateurs pour les fidéliser, leur faire esayer de nouveaux produits, les informer, leur faire partager les valeurs de la marque. Enfin, la base de données fait entrer la communication entre la marque et ses clients dans un début d'interactivité qui va bien au-delà des consumer magazines. Comme on le voit, cette démarche tente au minimum de proposer une amélioration sensible du marketing direct et des programmes de fidélisation habituels, au mieux de créer un vrai lien de connivence avec ses meilleurs clients, sur la base non seulement d'une offre adéquate mais d'une proximité de valeurs partagées. La marque de libre-service retrouve la proximité perdue avec ses clients, à la fois sur le plan physique au sens strict et, si possible aussi, sur le plan psychologique.

Il est vrai que dans une filière celui qui est à proximité du client détient un considérable avantage concurrentiel. C'est ce dont jouit la grande distribution. Les grandes marques ne peuvent se contenter d'être confinées à la seule publicité fugace et à l'exiguïté du rayon. Comment tisser des relations dans de telles circonstances ? Comment exprimer ses valeurs dans une logique de l'USP ou du score d'impact qui privilégie la sensation immédiate et le discours répétitif ? La connivence naît d'une identité de valeurs, d'aspirations, de conceptions de la vie. Il manquait aux marques les médias pour véhiculer ces valeurs. Les méga-bases de données sont une réponse forte à cette problématique. Il n'est alors pas étonnant que les grands groupes aient tous considéré que l'investissement considérable que cela représentait était stratégique.

En France, 60 % du volume réalisé par DANONE provient de 6 millions de foyers. Ils dépensent sensiblement plus de 3 400 francs par an en produits du groupe. Il est vital de les connaître, de les comprendre, de leur faire partager les valeurs de chaque marque, pour tisser un « contrat relationel ». On comprend que des investissements annuels de 120 ou de 200 millions de francs sur les clients à potentiel soient désormais considérés comme normaux par les grands groupes de biens de grande consommation. Après tout, cela revient à investir de 200 à 300 francs par ménage gros consommateur par an ! Le retour immédiat se mesure en hausse du taux de nourriture des marques déjà achetées (jusqu'à un plafond de 70 %) et en taux d'essai de marques jusqu'alors non consommées. C'est l'avantage des grands groupes multi-marques de pouvoir, via cette action collective, jouer sur les deux leviers du volume : la fidélisation et la pénétration accrues. On comprend alors le rôle de DANAÉ : ce magazine vise à retisser le lien dans une perspective de fidélisation et d'accroissement des volumes consommés par les déjà gros clients de DANONE.

Cet outil a des effets vertueux : il contraint chaque marque à définir sa source d'inspiration, ses valeurs... Un contrat relationnel ne se nourrit pas seulement de coupons réponses et d'offres spéciales.

Les entreprises et marques plus petites se voient-elles exclues de ces nouveaux médias relationnels, compte tenu du coût qui ne peut s'amortir que sur un vaste portefeuille multi-marques ? La seule solution est, outre l'utilisation de bases de données externes, de trouver des partenaires autour d'un thème commun. Par exemple, NESTLÉ réunit nombre de ses marques autour du thème du petit déjeuner, un axe stratégique de développement pour NESTLÉ.

Faire ensemble

Le troisième sens du marketing relationnel concerne tout ce que la marque fait directement avec ses clients. C'est le sens promu par S. Rapp et T. Collins dans leur série Maxi-marketing[3]. L'exemple type est la réunion annuelle des possesseurs de HARLEY DAVIDSON, quelque part aux États-Unis, qui fournit l'occasion de rencontrer et de s'amuser avec tous les membres de l'entreprise qui se sont aussi joints à cette équipée sauvage sur leur propre HARLEY !

Le concept-clé derrière cette approche est celui de « faire ensemble ». L'implication des consommateurs est d'autant plus forte qu'il y a participation à un acte collectif, festif et intense car portant sur un objet lui-même impliquant.

---

3. Stan RAPP et Lionel COLLINS, *Beyond Maxi-Marketing*, McGraw Hill, New York, 1994.

D'autres exemples plus proches illustrent cette démarche : les points de change pour bébé, disséminés le long des auto-routes des vacances sont autant de façons pour les marques de change de témoigner de leur focalisation sur le service au client. L'opération Open Miles d'HOLLYWOOD CHEWING GUM a permis à plus de 40 000 jeunes entre 15 et 25 ans de voyager dans des cars façon Greyhound et de concrétiser ainsi les valeurs de liberté et de joie de vivre, d'évasion et de voyage. Le chewing gum n'est certes pas impliquant, mais les valeurs derrière HOLLYWOOD le sont. La bonne idée a consisté à ne pas en rester au strict plan publicitaire mais à les mettre en œuvre à grande échelle au service des jeunes.

Oublier le client et penser à la personne. Le groupe PERNOD RICARD est un précurseur de ce type de marketing relationnel. Paul Ricard disait à ses troupes : « Faites vous un ami par jour ». Si l'on multiplie 600 ambassadeurs de la marque par 365 jours, cela représente 219 000 nouveaux amis par an au minimum. La force du lien a été créée par l'implication directe de la marque, via la présence physique et participative de ses représentants dans tous les lieux de l'amitié que sont les bars et dans toutes les manifestations d'amitié, de fête, de joie de vivre partagée, depuis le concours de pétanque jus-qu'au renommé Ricard Live Music. RICARD en est devenu la marque de joie partagée, d'expérience festive collective, d'optimisme. C'est à cela seul que la marque tient sa part de marché : malgré les copies de distributeurs et les pastis pre-miers prix, elle reste de loin le leader. D'ailleurs, lorsqu'il reprend une marque en perte de vitesse comme LARIOS en Espagne, le groupe commence souvent par couper les dépenses publicitaires et réinvestit tout sur la reconstitution du lien, de la relation avec un groupe de nouveaux clients, petit au départ certes mais impliqué. A-t-on vu créer une religion sans partir d'un petit groupe de prosélytes ?

L'opportunité internet

Internet apporte sa touche spécifique et sa puissance à l'idéal relationnel de la marque. Plus qu'une vitrine d'image ou un canal de distribution et d'achat en direct, internet doit être vécu comme la manifestation de l'orientation nouvelle de la marque. C'est un nouveau terrain d'expression de l'excellence relationnelle de la marque. Y participer, c'est s'exposer aux jugements comparatifs défavorables si l'on n'est pas fin prêt. Ne pas y aller, c'est faire aveu de carence.

La notion d'idéal relationnel ne renvoie pas à l'esthétique du site, l'ergonomie des dialogues et des animations. En bref, l'internet doit apporter un réel service au client. Le site NIVÉA devrait donner des conseils sur l'entretien de la peau de bébé selon l'âge. On devrait aussi pouvoir suivre chaque vol d'AIR FRANCE pour connaître à la minute près son heure d'arrivée escomptée, la porte et le terminal. On devrait pouvoir en tant que client fidèle, doté d'un capital de points, choisir et réserver le vol sur lequel on échangera ses points contre des billets gratuits. Cela remplacerait le parcours du combattant actuel.

Internet est l'occasion unique de démontrer au client que la marque cherche à le satisfaire :

• évitant de lui faire perdre son temps (ce que les compagnies aériennes font le plus mal à ce jour dès que l'on va en agence) ;

• en le reconnaissant personnellement autrement que par son nom mais par son profil de préoccupations et d'intérêts, ce qui permet de lui fournir un service personnalisé, sur mesure ;

• en facilitant au maximum tous les process pour lui.

Internet autorise aussi une autre forme de relation : il permet les réunions virtuelles entre les adeptes de la religion. C'est à la marque d'encourager les échanges entre adeptes, clients impliqués de la marque via les forums de discussion. Certes cela était possible déjà dans les pages spéciales réservées à cet effet des consumers magazines. Internet rend cela infiniment plus puissant, immédiat, non-médiatisé par la marque, interactif, franc donc.

Internet va tellement restructurer les attentes et les comportements que l'on peut se demander si, demain, la publicité existera encore, au sens de la publicité classique, uni-directionnelle, sans interaction possible. Plusieurs signes vont en ce sens. Les capacités fournies dès aujourd'hui par TPS à tous ses 800 000 abonnés, grâce à un terminal vraiment interactif vont faire école. Les grands fabricants de téléviseurs n'envisagent plus de postes non interactifs dans un futur immédiat. PROCTER & GAMBLE vient de procéder à un test de publicité interactive pour PANTÈNE sur TPS.

Lieux de marques

Pour déployer leurs valeurs, les distributeurs ont leurs propres espaces, le magasin. Il se crée une relation dès lors que cette surface cesse d'être exclusivement marchande mais un lieu de partage des passions. La FNAC, VIRGIN MEGASTORE ont atteints ce niveau. On y déambule, on écoute les nouveautés, on feuillette les BD, on s'y rafraîchit, sans aucune pression à l'achat. DÉCATHLON a créé hors de ses magasins des lieux de vie et d'expression pour les jeunes où ceux-ci peuvent essayer les produits, s'adonner à leur hobby préféré. Il n'est pas étonnant que les jeunes ne parlent plus de DÉCATHLON, mais de « DÉCAT », cette abréviation étant le signe d'une vraie relation.

En créant les étonnants NIKE STORE, cette marque ne cherche pas à créer un circuit de vente directe mais un lieu d'échange, à 110 % NIKE. Avant sa reprise par ADIDAS, SALOMON avait créé une première SALOMON STATION, en plein centre d'une station de sports d'hiver. Ce lieu visait à recréer et forger la relation entre la marque et les nouvelles générations de surfers, une tribu un peu délaissée par la marque au début. La première fonction de SALOMON STATION est l'écoute : les jeunes y viennent, y boivent un soft drink, regardent des vidéos, se connectent sur internet, posent des questions, font des remarques. C'est un lieu d'échange authentique. Ce genre de lieu est très différent des temples du culte de nos marques de prestige, comme les châteaux bordelais ou les maisons en Champagne attachées à chaque grande marque ou encore la visite soigneusement agencée des caves de ROQUEFORT SOCIÉTÉ. Il est vrai que les spiritueux ont besoin d'un lieu d'origine, là où naquit la religion. Dans ces lieux on accède au divin, on approche le mystère de la création de ce qui est inénarrable : la grandeur de VEUVE CLICQUOT, du whiskey irlandais de référence JAMESON ou de SOCIÉTÉ, la marque historique qui a fondé la légende du ROQUEFORT.

Dans NIKE TOWN ou SALOMON STATION, le public s'adonne à une relation nouvelle avec les marques. Il joue le rôle nouveau auquel il aspire désormais, celui de « conso-acteur ».

L'ère des conso-acteurs

Interrogé sur ses clients, le fondateur de BURTON, la marque culte du snowboard mondial, répondit que ceux-ci se sentaient quasiment propriétaires de la marque. Ils attendent eux-mêmes une relation différente avec les marques et les entreprises. Ils ne veulent plus que l'on fasse pour eux comme dans le marketing classique mais avec eux ! Certes, loin de nous l'idée de prétendre que la tribu des surfers représente le cœur des consommateurs d'aujourd'hui. En revanche, ils représentent une sensibilité qui devrait s'accroître demain car, une fois pris un certain pli, on ne s'en départit pas.

Les jeunes surfers veulent découvrir et être partie prenante dans la création et la croissance de la légende de leur marque. Concrètement par exemple, ils veulent connaître les personnes derrière la marque, échanger avec eux. Dans ce type de relation, la notion de « back office » disparaît, le « back office » devient le « front office ». Ils ne se contentent donc plus d'être des consommateurs, ils veulent être aussi co-producteurs, des conso-acteurs[4].

Les lieux de marque tels que NIKETOWN ou SALOMON STATION servent à cela : écouter, écouter, écouter encore. Internet est un média irremplaçable aussi dans cette perspective de retournement du visible et du caché, du back et du front office.

Le marketing des affinités

La sociologie a démontré depuis des décennies l'importance de la rumeur et du bouche à oreille dans la réussite des nouveaux produits. Les unes après les autres, les grandes

---

4. Jean-Claude BOISDÉVÉSY, *Le Marketing Relationnel*, Éditions d'Organisation, 1996.

marques, même les plus globales en apparence, découvrent les vertus de ce qu'il faut bien appeler l'*underground marketing*, le marketing du bouche à oreille. Pour se bâtir un corps de prosélytes, la marque doit travailler en profondeur, bâtir ses fondations sur des micro-groupes hyper-impliqués, même si les motifs de leur implication diffèrent. Et même s'ils sont différents d'un pays à l'autre. L'important est d'identifier les sources d'affinités entre ces tribus et la marque. Le bouche à oreille est le média des centres d'intérêt partagés. D'ailleurs, sur l'internet,ce n'est pas tant la notoriété de la marque qui fait que son site est fréquenté, c'est le fait pour les internautes de savoir qu'ils vont y trouver ce qui les intéresse intimement. L'effet de rumeur tient à ce qu'ils ne manqueront pas d'avertir leurs amis de l'intérêt de tel ou tel site. Or si dans le monde physique, chacun peut avertir une quinzaine d'amis, dans le monde d'internet, chacun peut avertir plusieurs centaines de personnes par le biais des forums et « newsgroups ».

L'importance des centres d'intérêt conduit d'ailleurs certaines entreprises à appeler le site de leurs marques non par le nom même de celles-ci, mais par le besoin, le centre d'intérêt auquel le site répond : le site de PAMPERS s'appelle Total Baby Care, celui d'ARIEL est Washright.com.

La recherche de ces terrains d'affinités électives est une nécessité pour les marques challengers face à un leader dominant. Par exemple HAVANA CLUB, le vrai rhum de Cuba, fait face au géant américain BACCARDI. Il investit tous les terrains fertiles que sont : les touristes allant à Cuba, les fumeurs de cigares, les amateurs de cocktails cubains, les nostalgiques du Che, et même les communistes... Pour aider chacun à réaliser chez soi le fameux mojito, comme à La Havane, HAVANA CLUB lança avec MOULINEX un produit spécial en co-branding : un mixer aux couleurs de HAVANA CLUB.

7

Simplifiez le portefeuille de marques

COMBIEN FAUT-IL DE MARQUES pour porter l'offre aux consommateurs dans une catégorie de produits donnée ? Ainsi peut se résumer la problématique actuelle du portefeuille de marques dans les entreprises. Cette question est au centre de toutes les réflexions actuelles des entreprises confrontées à l'internationalisation de leurs activités, donc à la concurrence totale provenant d'autres entreprises internationales, mais aussi d'acteurs locaux bien implantés, d'importations asiatiques à bas prix et des marques de distributeurs.

Régulièrement, les grands groupes font des effets d'annonce tel UNILEVER qui clama en Septembre 1999 son désir de supprimer 1 000 de ses marques pour ne plus en garder que 400. La pression est assurément à la baisse, actionnaires et distribution obligent. Dans le cas d'Unilever, lorsque l'on sait que ces 1 000 noms représentaient 8 % du CA, on imagine les coûts de complexité inutiles liés à l'entretien à tout prix de ces marques ! Ces effets d'annonce ont le mérite de donner un cap précis à l'ensemble de l'entreprise et de fixer des échéances.

L'optimisation du portefeuille de marques est une question stratégique car la réponse donnée aura des effets durables et profonds. De plus, l'organisation des marques concerne plusieurs fonctions de l'entreprise hors du marketing : la production, la finance, l'organisation. Elle est stratégique enfin en ce sens que la réponse donnée permet ou non d'acquérir un avantage concurrentiel durable. Elle devient complexe dès lors que l'on cherche à obtenir une réponse homogène pour l'ensemble des pays dans tous les continents, ce qui devient la norme aujourd'hui.

En fait, la question du nombre de marques n'est que la conséquence des rôles dévolus à chaque marque dans la couverture des besoins des consommateurs et de la capacité du portefeuille, dans son ensemble, à mieux répondre aux attentes des circuits de distribution que les offres globales concurrentes. Plusieurs facteurs jouent un rôle croissant dans la réévaluation des portefeuilles de marques : nous allons les examiner tour à tour.

À la recherche de la méga-marque

Un portefeuille de marques est une réponse à des objectifs spécifiques de domination de la catégorie, de création de barrière à l'entrée dans le circuit de distribution, d'attraction et de fidélisation des consommateurs. D'ailleurs, la première démarche dans toute réflexion est d'indiquer clairement quels sont les objectifs poursuivis, ce que l'on attend avec précision de notre portefeuille de marques.

La domination de la catégorie est clairement aujourd'hui l'objectif majeur, ce qui implique que le portefeuille doive être structuré autour d'une méga-marque, incontournable. Celle-ci asseoit la crédibilité de l'entreprise par rapport à la distribution. Par sa couverture large en termes de produits, elle émerge au niveau du rayon aux yeux des consommateurs, même si ses produits sont dispersés dans le rayon (ce qui milite pour des signes de reconnaissance de la marque très forts). Construire une méga-marque conduit naturellement à « rétrograder » des marques jusque-là importantes. Il suffit d'examiner la place désormais restreinte de la marque PLÉNITUDE dans les nouvelles publicités de l'ORÉAL PARIS pour avoir un exemple de ce phénomène. On ne peut créér de méga-marque sans changer de façon significative l'équilibre entre marque mère et marques filles.

De ce point de vue, les portefeuilles trop équilibrés comportent selon nous une faiblesse intrinsèque : quand on divise l'innovation entre deux marques de tailles égales, on divise par deux son impact sur chacune de ces marques. L'argument vaut aussi pour la publicité. Si l'on ajoute à cela une force de vente commune, on accumule les handicaps. L'industrie automobile fournit une illustration de cela. Le groupe VOLKSWAGEN structure le portefeuille autour de la méga-marque VOLKSWAGEN. Le groupe PSA PEUGEOT-CITROËN dispose de deux marques parallèles, de poids identiques, heureusement poussées par des réseaux de distribution distincts.

Cette recherche de la méga-marque pose des problèmes aux portefeuilles dispersés fut-ce pour de bonnes raisons. ADIDAS en est un exemple. L'entreprise a racheté le groupe SALOMON qui lui même comportait plusieurs marques très spécialisées : TAYLOR MADE pour le sport, MAVIC pour les roues de vélos de course du plus haut niveau. La politique de marque du groupe ADIDAS-SALOMON est celle de marques aux territoires produits bien délimités, chacune ayant vocation à rester la référence dans son domaine. Mais, face à l'ubiquité du symbole unique de Nike (le « swoosh »), qui s'exhibe sur toutes les pistes, sur tous les courts, sur tous les greens, affirmant par là même l'ambition de NIKE de régner sur le sport, tout le sport, la division des marques paraît aller à l'encontre de cette recherche de synergies à l'origine du rapprochement entre ADIDAS et SALOMON.

Pourquoi limiter ces synergies au « back office » ? Bien que la stratégie implicite ait été celle du portefeuille de marques séparées et leaders dans leurs domaines, la multiplication des « swooshs » pose le problème de la sous-représentation du symbole d'ADIDAS. Auquel cas ne faudrait-il pas unifier les logos de ces marques pour dire au sportif ce que la distribution sait bien ? C'est l'intérêt des logos de pouvoir ainsi marquer les appartenances sans toucher aux noms. Il reste à analyser cependant si, au-delà des entreprises qui fusionnent, il y a mixité de valeurs entre celles du football (le produit pivot de l'identité d'ADIDAS) et celles de la nouvelle glisse visée par SALOMON. D'autre part, dans le domaine de la chaussure, on ne peut présumer que la frontière entre les deux marques restera nette. En ce cas, que penser de deux marques sur le même marché ayant un logo commun ? Comme on le voit, opter pour une politique multi-marques est une décision stratégique qui a des implications lourdes en termes de visibilité et de taille critique.

Intégrer le rayon

Que se passerait-il si le Groupe SKALI supprimait une de ses deux marques : LUSTUCRU ou RIVOIRE ET CARRET ? Il perdrait immédiatement une part de rayon que l'autre marque ne récupérera pas. Compte tenu de l'importance de la visibilité au rayon dans le choix des produits de grande consommation en libre-service, c'est-à-dire dans l'impulsion d'achat (le mode dominant de décision des consommateurs dans ce circuit de distribution), on comprend pourquoi les fabricants hésitent à fusionner les gammes. À court terme, le risque de perte de part de marché est sérieux. Est-il compensable par les gains de valeur ajoutée que cette démarche peut apporter aux consommateurs ? Y en aurait-il vraiment ? Face à PANZANI, à BARILLA qui le talonne désormais, et aux marques de distributeurs quel serait l'intérêt de créer en plus un troisième généraliste. Quelle serait la position concurrentielle de ce troisième généraliste face à l'extraordinaire sympathie accumulée par le leader PANZANI, et l'italianité de BARILLA ?
Il est devenu presque caricatural dans les recommandations des consultants en stratégie de voir couper à la serpe dans le portefeuille des marques existantes. Ce faisant, on néglige des paramètres, certes empiriques et commerciaux mais qui pèsent fortement sur les ventes ou en tout cas sur la présence

dans les rayons, tant que le « category management » ne sera pas parfait chez les distributeurs. L'expérience indique en effet qu'un acheteur de rayon commande plus lorsqu'il visite plusieurs show rooms que lorsqu'il en visite un seul. Or recommander une marque unique, c'est conduire au regroupement des collections dans un seul site, donc un seul show room. De ce point de vue, l'élimination de toutes les petites marques dans certaines catégories de produit engendre un manque à gagner commercial certain.

Distribuer les rôles

L'expérience prouve que les portefeuilles de marques ne s'autogèrent pas : il faut un coordinateur, une personne ayant et le sens de chaque marque et le pouvoir de trancher. Les marques au sein d'un même portefeuille ont en effet tendance à plus s'examiner entre elles que de viser le concurrent contre lequel elles sont chacunes positionnées. Les conflits risquent d'être permanents au sujet de l'allocation des innovations, des personnes, des idées, des moyens.

Chaque marque doit comprendre quel est son rôle dans la construction de la domination de la catégorie et dans la défense de celle-ci. Elle doit se tenir à ce rôle. Par exemple, il est fréquent que les marques leaders dominantes engendrent une réaction de refus de la part d'une partie des clients potentiels. Il y a des consommateurs qui ne veulent pas avoir des pneus MICHELIN, ou un LEVI'S. Il y a des artisans électriciens qui ne tiennent pas à acheter LEGRAND, leader incontesté de son secteur. Ce clan du refus réagit plus par rapport à la marque que par rapport au produit lui-même. En ce cas, il est important de pouvoir proposer une deuxième marque qui soit une vraie alternative à la marque leader. Être une vraie alternative a des conséquences très précises en termes de produits (identiques), de gamme (assez profonde et aussi large), de prix. Il s'agit de donner des raisons positives d'achat à ces anti-leaders pour nourrir un attachement à cette marque alternative, et par là-même rendre difficile l'introduction d'un concurrent externe.

Ici encore, l'expérience prouve que les managers ont du mal à respecter le rôle affecté à la marque seconde et développent souvent une stratégie de positionnement relatif par rapport au leader qui ne correspond pas à la trame d'ensemble bâtie pour défendre la position dominante.

Premiers et seconds rôles

Le fait de parler de marque seconde ne doit pas laisser entendre marque secondaire. Les grands films sont servis par de remarquables « seconds rôles ». Les marques dites « secondes » ont une fonction de fusible, protègent la méga-marque, ou neutralisent les menaces extérieures. La façon dont l'entreprise Coca-Cola a neutralisé la menace de Crystal Pepsi en sacrifiant son Tab Clear illustre cette dernière fonction.

Crystal Pepsi fut une des plus grandes réussites en termes de lancement de nouveau produit aux États-Unis. Un an après, ce fut aussi un des échecs les plus notoires (avec le New Coke d'ailleurs). Crystal Pepsi, c'est-à-dire Pepsi-Cola transparent ou clair (et non noir comme le cola habituel), capitalisait sur un certain rejet de la catégorie cola encouragé par la montée des boissons dites « new age », proposant une approche plus saine des soft-drinks.

Crystal Pepsi se trouvait du fait de sa couleur en concurrence avec les marques de la catégorie citron ou lime telles que Seven Up ou Sprite. Coca-Cola décida alors de lancer Tab Clear, lui aussi transparent, en le positionnant comme un produit « light » (le segment sans sucre aussi appelé *diet* aux USA). Ce faisant, on amenait l'ensemble du marché à associer la transparence du produit au bénéfice de la catégorie sans sucre. Cette stratégie n'avait pas d'autre but que de tuer la nouvelle catégorie dite transparente (clear ou crystal) en la rendant totalement confuse aux yeux des consommateurs et en dépositionnant de ce fait Crystal Pepsi.

En effet les consommateurs ne savaient plus quel était le goût de cette catégorie (Tab et Crystal Pepsi n'ayant pas le même goût) ni quel était son niveau en calories. Tab Clear insistait sur son absence de calories alors que Crystal Pepsi ne le faisait pas, et pour cause, il contenait du sucre ! Crystal Pepsi fut ainsi entraîné dans une catégorie (le light) où il avait un handicap majeur : son sucre. La nouvelle catégorie fut tuée par cette stratégie volontariste qui sacrifia Tab Clear. Pour reprendre les termes de S. Zyman, l'auteur de cette stratégie chez Coca-Cola,[1] on doit distinguer les marques « gorilla » et les marques « guerilla ».

Quels critères de segmentation ?

Organiser le portefeuille des marques, c'est répondre au préalable à la question : quels sont les critères de segmentation pertinents ? En théorie, les candidats sont multiples : on peut segmenter par produit (les biscuits sucrés *versus* les biscuits salés), par niveau de prix et de qualité, par usage ou conditions d'utilisation, par bénéfice-consommateur, par profil du client, etc. La question cruciale est donc de déterminer le ou les quelques critères pertinents pour justifier des marques différentes. Car c'est une chose d'adapter l'offre, de structurer une gamme, c'en est une autre de la présenter sous des marques séparées. Quelles tendances se dessinent en la matière ?

Plus le degré d'implication du consommateur est élevé, plus on peut proposer des marques multiples. L'implication se traduit par un resserrement de ce que les consommateurs appellent leur idéal. Il y a donc de nombreux idéaux. D'où la multiplication des marques de whisky single malt, de produits de luxe, de voitures de très haut de gamme, de vins de grand cru. De plus, les circuits de distribution sont plus confidentiels et les médias plus tournés vers le bouche à oreille. La barrière d'entrée est stylistique et sociale, et moins capitalistique.

Lorsque l'implication diminue, le consommateur aime les grands marques œcuméniques, englobantes, rassurantes.

La notion de généraliste et de spécialiste fournit aussi une base forte pour un portefeuille de marques. Legrand est une marque généraliste mondiale dans le petit appareillage électrique. Mais l'entreprise Legrand dispose aussi de marques

© Éditions d'Organisation

1. Sergio Zyman, *The End of Marketing as We Know it*, Harper Collins, New York, 1999.

spécialisées, une par grande catégorie de produit, du catalogue de la marque généraliste.

Dans de nombreux cas, la distinction entre marque locale et marque internationale est pertinente. Par leur histoire, leur pénétration dans les foyers, la taille du parc installé, les marques locales jouissent d'une forte « *brand equity* » liée aux valeurs de rassurance, de permanence, de garantie. Les marques internationales sont porteuses de séduction mais aussi d'un prix plus élevé. Il importe cependant de se souvenir que l'entretien de la méga-marque locale consiste à la doter aussi des innovations de la marque internationale, quitte à le faire après un certain délai. La méga-marque ne doit pas rester longtemps en dehors des modes et courants.

Répondre au circuit de distribution

Les circuits de distribution apparaissent comme une base très forte de segmentation et d'organisation du portefeuille de marques. L'entreprise se doit de donner une réponse d'ensemble aux besoins de son premier client : le distributeur. Par exemple, dans le domaine des soft-drinks ou des spiritueux, l'entreprise doit fournir un portefeuille complet de produits, et si possible des marques notoires. On n'entre pas dans certains circuits sans une offre globale. Ce fut d'ailleurs le point sur lequel achoppa la négociation entre COCA-COLA et le gouvernement français quant au rachat d'ORANGINA.

La spécialisation par circuit devient un mode fondamental de segmentation des marchés et d'organisation du portefeuille de marques des entreprises. C'est la base de la stratégie de L'ORÉAL : LANCÔME est dédiée aux circuits sélectifs ; LA ROCHE POSAY, VICHY et BIOTHERM à la pharmacie ou à ce qui fait office de circuit « pharmaceutique » à l'étranger ; enfin les marques L'ORÉAL PARIS, MAYBELLINE et GARNIER visent la grande distribution. Ces trois dernières marques correspondent en plus à une segmentation par type d'attente. Il n'y a aucune raison pour que les femmes du monde entier s'identifient à l'image de la Parisienne. C'est pourquoi le Groupe L'ORÉAL a racheté la marque américaine MAYBELLINE et la promeut dans le monde : celle-ci a pour but de promouvoir l'image de la femme américaine. Quant à GARNIER, il correspond à une attente de sérieux et de naturalité réunis.

Il y a un risque à évaluer la situation internationale à travers le prisme singulier de la distribution française. Par exemple, en France, un vélo sur deux est acheté en grande surface alimentaire, dans un hypermarché. Trente pour cent sont achetés en grande surface spécialisée de type GO SPORT ou DÉCATHLON. Le reste est vendu par la petite distribution. Au contraire, dans les pays nordiques ou en Hollande, partout où le vélo est un mode de déplacement quotidien et où la qualité est valorisée, l'essentiel des ventes se fait par le commerce de proximité, service oblige. Les consommateurs veulent avoir près de chez eux un réparateur spécialisé. Certes on ne peut présager de l'avenir : l'ouverture d'un premier DÉCATHLON au Danemark va-t-elle modifier les critères de décision des consommateurs nordiques tournés vers la qualité des produits et du service ?

Pour l'instant, dans ces pays il n'y a pas un circuit dominant mais des circuits en concurrence entre eux. Les marques doivent intégrer cette donnée essentielle. Aux États-Unis par exemple, il est impossible de proposer aux circuits pratiquant la vente assistée (tels que les Department Stores ou les magasins spécialisés) une marque distribuée chez les « *mass merchants* ». Le groupe MOULINEX répondit aux premiers avec KRUPS, la marque MOULINEX étant dévolue aux seconds.

Pour une entreprise, cela signifie qu'il y a plusieurs types de marques dans son portefeuille :

• une méga-marque généraliste recevant l'essentiel des investissements ;

• des marques dédiées à la domination d'un circuit de distribution ;

• des marques spécialisées, sur des niches ou des créneaux spécifiques (par exemple, le haut de gamme) ;

• des marques tactiques pour répondre à des opportunités de distribution sans mettre à mal la situation de la méga-marque et les réseaux de vente. Ceci permet d'assurer la couverture du marché par une présence dans la vente par correspondance par exemple, chez les *discounters*, les *cash and carry*, internet même.

Les contraintes de l'international

L'international pose la question de la reproductibilité des facteurs de succès. Dans le pays d'origine, les marques ont été bâties avec le temps, et à une époque où les coûts des médias étaient faibles. Or, l'internationalisation d'une marque se fait désormais dans un contexte de concurrence, de coûts publicitaires et de distribution concentrée sans aucune mesure avec celui qui a accompagné la croissance de l'entreprise dans son marché domestique. Ainsi le groupe SEB comporte-t-il en France les marques SEB, CALOR, ROWENTA, TÉFAL, MOULINEX et KRUPS, chacune disposant d'un capital de marque hérité d'une connaissance de toujours par les consommateurs. Elles sont omniprésentes dans la distribution désormais très concentrée de ce secteur.

Peut-on reproduire ce portefeuille de marques au Brésil, face aux concurrents locaux, aux importations coréennes ou chinoises et aux marques internationales PHILIPS, BLACK ET DECKER ? Ne doit-on pas penser et agir différemment ? De fait, comme c'est déjà le cas aux États-Unis, l'essentiel de l'offre pertinente était regroupé sous la marque unique T-FAL. dans les Carrefours ou les Wal-Marts de São Paulo, avant le rachat de MOULINEX et KRUPS.

Dans le domaine des services, la politique de marque du groupe VIVENDI suit la même logique. En France, il est important de ne pas apparaître comme une pieuvre tentaculaire, une sorte de monopole privé : que dirait le consommateur s'il recevait une facture VIVENDI pour son téléphone, une autre pour sa télévision par câble, une troisième pour l'eau, une quatrième pour le transport, une dernière pour l'énergie ou le traitement des déchets ? C'est pourquoi VIVENDI a opté pour la création de marques internationales liées chacune à un métier : DALKIA pour l'énergie, ONYX pour le traitement des déchets... Maintenant, doit-on suivre la même approche en Chine populaire ? Ne faut-il pas au contraire y aller sous la bannière unique de VIVENDI ?

8

Justifiez l'extension de marque

L'EXTENSION DE MARQUE est le sujet qui fait couler le plus d'encre sur le management des marques. C'est normal, c'est l'innovation la plus radicale apportée par le nouveau management de la marque, dès lors que l'on souhaite capitaliser la valeur sur un seul nom et créer une méga-marque. De plus, deux auteurs américains, J. Trout et S. Rivkin[1] ont bâti un fonds de commerce en fustigeant dans leurs livres et conférences cette pratique censée mener inéluctablement au déclin par la dilution d'image qu'elle entraîne. S'il est vrai que toutes les extensions ne sont pas des succès doit-on pour autant les condamner ? Après tout, le taux d'échec des lancements de nouveaux produits est énorme, mais l'innovation reste la plus vitale des nécessités pour une marque.

L'extension est une nécessité dans la vie d'une marque. Elle en signe la croissance, le changement d'envergure et l'adaptation au marché. Ce qui reste à

© Éditions d'Organisation

1. Jack TROUT and Steve RIVKIN, *The New Positioning*, McGraw Hill, New York, 1999.

définir est le moment de l'extension, le territoire de celle-ci, son contenu ainsi que les moyens mis en œuvre pour accompagner le lancement. Par exemple, il a fallu attendre 1982 pour que COCA-COLA tente sa première extension : DIET COKE (COCA-COLA LIGHT), presque cent ans après la création de la marque. Depuis l'extension est monnaie courante chez Coca, même si l'une d'elles fut un échec retentissant au point d'être appelée l'erreur marketing du siècle (le NEW COKE)[2].

Le mauvais procès contre l'extension

La croisade anti-extension repose sur une conception nominaliste de la marque, héritée de la pratique des marques-produits. Dans cette politique de marque, le nom ne renvoie qu'à un seul produit et vice versa. ARIEL est cette lessive-ci et rien d'autre. SPRITE est cette limonade-là et rien d'autre. VIRGIN est un label de musique, c'est tout. Pour les croisés, étendre la marque c'est créer un problème de repérage dans l'esprit des consommateurs. Le lien bi-univoque marque-catégorie disparaîtrait ce qui serait mauvais pour la marque. Reconnaissons que cette prédiction dramatique ne semble pas avoir affecté BIC, qui de leader des stylos à bille est devenu marque leader mondial des briquets jetables, des rasoirs jetables, et même des planches à voile. Cela ne semble pas émouvoir non plus VIRGIN qui signe désormais un COLA, une boisson à l'orange, une Vodka, un réseau de chemins de fer en Grande-Bretagne, une compagnie aérienne sur l'Atlantique nord, ainsi que des magasins multi-média. Quant aux Japonais, ils ne semblent pas connaître le mot « extension de marque » : il ne leur viendrait jamais à l'esprit de ne pas tout nommer du nom dont ils sont le plus fier, celui de leur entreprise. MITSUBISHI signe avec succès des voitures, des téléviseurs, des ascenseurs, etc., la liste est sans limite. Il en est de même de YAMAHA, leader des motos mais aussi des pianos électroniques. S'il est un mot qui doit exister en japonais, c'est plutôt « sécession de marque », c'est-à-dire le fait de ne pas tout appeler du nom ombrelle.

---

2. Robert HARTLEY, *Marketing Mistakes*, Wiley, London, 1998.

Une chose est certaine, l'extension de marque modifie le rapport de la marque au produit, voire à une catégorie de produits. Bic, c'est des stylos et des briquets et des rasoirs, ayant en commun bien plus qu'un phonème (Bic) mais leur « bicéité », c'est-à-dire la conjonction exclusive de plusieurs valeurs (un produit chaque fois de qualité bien que pas cher, et très pratique, s'insérant dans un style de vie décontracté). Chaque fois, cette conjonction de valeurs a intéressé le consommateur dans tous ces marchés. Comme la marque a en fait créé ces segments, elle en est devenue le leader et le référent. Lorsque cette conjonction manque de pertinence, l'extension est un échec : ce fut le cas du parfum Bic. En revanche, les collants Bic semblent promis à un bel avenir dans les marchés émergents et les pays de l'Est.

Nous ne voulons pas ici répéter le chapitre méthodologique du livre « *Les Marques, Capital de l'Entreprise* » (3ᵉ édition), mais, à partir des pratiques que nous avons pu constater, nous voulons signaler quelques points importants dans le management opérationnel des extensions.

Quelques mauvaises raisons de l'extension

L'extension est à la mode. Trop peut-être. C'est pourquoi bien des marques s'y engagent avant d'avoir épuisé tous les moyens d'assurer leur croissance, en travaillant d'abord sur le produit de base. Or, l'extension résout rarement les problèmes du produit de base en mal de croissance.

Lorsque la Vache Qui Rit vit son tonnage fléchir, au milieu des années 80, la tentation aurait été de tout miser sur les extensions telles que Apéricube ou Toastinette afin de compenser la baisse de volume. Au contraire, le groupe Bel décida de remettre à plat tout le marketing mix de la fameuse boîte ronde, le produit de base, afin de retrouver une pente des ventes ascendante. Dans cette démarche, tous les tabous furent remis en cause : plus rien n'était *a priori* décrété infaisable ou impossible, comme c'est trop souvent le cas lorsque les problèmes ne sont pas trop aigus. Par exemple, jusqu'alors chacun avait bien conscience que le mode d'ouverture des portions était malaisé : on se mettait toujours un peu de fromage sur les doigts. Mais, jusque-là, le coût d'une nouvelle machine de fermeture avait toujours été jugé exorbitant. Cette objection disparut lors de la remise à plat de la VACHE QUI RIT.

L'extension de marque mobilise les énergies à l'intérieur de l'entreprise, souvent au détriment du produit standard, au profit d'un tonnage virtuel que l'on sait faible au départ.

C'est pourquoi l'extension n'aide pas à résoudre les problèmes immédiats du produit de base voire même peut indirectement les accentuer en détournant une partie de l'attention de ce dernier, en interne d'abord quand ce n'est pas en externe auprès des consommateurs eux-mêmes.

Ainsi, malgré tout le battage fait en 1997 autour d'ORANGINA ROUGE et de sa campagne publicitaire si appréciée des adolescents, les ventes d'ORANGINA JAUNE, le standard, ont continué de baisser sans que cela fut compensé par les résultats d'ORANGINA ROUGE, d'ORANGINA PLUS ou d'ORANGINA LIGHT. C'est pourquoi PERNOD-RICARD décida enfin de prendre le taureau par les cornes et de faire ré-analyser toutes les facettes du marketing-mix de l'ORANGINA standard à la lumière d'une seule question : comment accroître le volume de consommation. À quoi bon en effet être aimé si la consommation ne suit pas ?

Lorsqu'elles achètent une marque, les entreprises intègrent dans la valeur financière de cette marque les espérances de gain futur résultant de son extension dans d'autres marchés, jugés plus profitables encore. Elles n'ont de cesse alors de rentabiliser l'acquisition en menant une politique d'extension systématique.

Ainsi, selon la rumeur, en 1989, UNILEVER paya plus de 700 millions de francs le fameux BOURSIN, un des fromages les plus célèbres de France, dont le slogan « du pain, du vin et du Boursin » était le deuxième slogan le plus mémorisé de tous les slogans publicitaires. BOURSIN jouissait d'une notoriété top-of-mind de 41 %, d'une notoriété assistée de 90 % et était second en part de marché dans le segment des « fromages frais ail et fines herbes », derrière TARTARE (41 % vs 31 %). Certes, en achetant BOURSIN, UNILEVER se dotait d'un redoutable ouvreur de portes, permettant d'accrocher à sa suite d'autres fromages. Mais le prix très élevé payé intégrait probablement aussi le désir de pénétrer, via BOURSIN, dans le marché connexe du « fromage frais », pesant bien plus lourd en tonnage que le premier (16000 tonnes vs 10000t), et dominé par SAINT-MORET avec 40 % du marché. Cette volonté stratégique ainsi que le souhait de réaliser le retour indispensable sur investissement explique que l'entreprise ait multiplié les essais de pénétrer ce marché-ci, en y étendant la marque Boursin :

• le premier essai consista à lancer le « NATURE DE BOURSIN », hélas avec un succès modéré : le noyau central de l'image associé à BOURSIN est le goût fort. On n'imagine pas un BOURSIN sans ce goût.

• tirant les leçons de cette expérience, un repositionnement complet fut décidé en 1994, prenant les enfants désormais comme cible. Le produit fut donc relancé sous l'appellation « BOURSIN pour PETITS GOURMANDS » ;

• au vu des résultats jugés encore insatisfaisants, on décida de simplifier le concept en relançant le produit sous une marque autonome « PETIT GOURMAND », clairement positionné vers les enfants, la marque BOURSIN n'intervenant qu'en caution. Hélas, l'absence de soutien suffisant sur le plan publi-promotionnel, face aux géants du marché des enfants que sont PETIT LOUIS, KIRI ou SAMOS, nuisit aux résultats. En 1997, dans le segment frais destiné aux enfants, ces trois marques totalisèrent 92,4 % du marché en volume, et PETITS GOURMANDS 4 %.

On a trop tendance implicitement à concevoir l'extension essentiellement comme une opportunité pour faire des économies. On espère que l'extension réussira sans avoir un besoin conséquent de soutien en marketing et publicité. C'est une erreur. Parmi les causes premières de l'échec des extensions de marque, on trouve l'absence de support publi-promotionnel, comme pour tout lancement de produit nouveau.

Entrer sur un marché nouveau, face à des concurrents solidement implantés, pour y capter une part de marché significative, ne peut se faire sans un investissement à la hauteur de l'ambition.

Quand l'extension est-elle stratégique ?

Quelles sont alors les bonnes raisons justifiant une extension ?

En premier lieu, la croissance, mais après que toutes les voies liées au produit de base aient d'abord été explorées. Ainsi, la marque de margarine PLANTA fut créée en 1959. Dans un pays à tradition beurrière comme la France, elle fut positionnée sur le marché des usages culinaires et de la pâtisserie. Ce n'est qu'en 1976 que l'extension PLANTA FIN vit le jour, pour pénétrer le marché bien plus large des usages à tartiner, grâce à une facilité nouvelle d'étalement et un goût amélioré, tout en capitalisant sur les préoccupations de santé grandissantes qui détournaient une partie significative des consommatrices de l'usage du beurre. Depuis cette date, aucune autre extension ne fut menée. Au contraire, une succession de repositionnements et d'améliorations du mix, dès que les ventes fléchissaient, a assuré une croissance quasiment ininterrompue de PLANTA FIN jusqu'à ce jour, même après la baisse de la vogue des produits dits « allégés ». Cet exemple illustre bien le moteur majeur de l'extension : l'opportunité de saisir un segment en croissance, en y exploitant les valeurs attachées à la marque si celles-ci sont différenciatrices et motivantes dans ce nouveau segment.

Il arrive que l'extension serve même à créer ce segment, jusque-là inexistant. L'exemple de TOMATISSIMO d'AMORA en est un cas d'école. En 1985, AMORA devint leader du marché du ketchup en France face à HEINZ, le leader mondial qui avait introduit la catégorie dans notre pays. Ce fut le résultat d'une révolution dans l'usage du ketchup, grâce au conditionnement souple lancé par AMORA (on n'imagine pas ce que les innovations au niveau du packaging ont comme effet sur les parts de marché : BANGA, leader du marché des boissons aux fruits perdit son leadership définitivement au profit d'OASIS lorsque ce dernier abandonna aussi le premier les bouteilles en verre !). En 1997, AMORA, leader avec 47,3 % de part de marché en valeur se devait de faire croître le marché en trouvant de nouveaux consommateurs ou de nouveaux usages. L'examen des freins révéla que les adultes trouvaient le ketchup trop sucré et trop « enfantin » désormais.

AMORA inventa un nouveau produit pour les réfractaires au ketchup mais amateurs de tomate et de sauce tomate : tomatissimo ou la qualité d'une sauce tomate aromatisée, présentée dans un emballage de type ketchup souple, le tout placé au rayon condiments, ce qui renforce en plus le positionnement « pour l'amour du goût » de la marque Amora. Soutenu par deux vagues de spots TV de près de 12 MF, cette extension fit passer la part de marché de la marque à 50 % en valeur, en générant à 95 % un volume additionnel.

La seconde bonne raison justifiant les extensions est l'accroissement de rentabilité, qu'il ne faut pas confondre avec la réduction des coûts. Certains marchés sont plus profitables que d'autres, soit du fait des coûts de production, de distribution, de communication, ou des différences de taux de concurrence par les prix, de présence de marques de distributeurs. On ne gagne pas le même argent dans le marché du gel douche, du déodorant ou du shampooing. Lorsque les avantages reconnus d'une marque peuvent lui permettre de pénétrer dans d'autres marchés en croissance et à structure de coût plus favorable, l'extension est souhaitable. L'inverse est vrai naturellement. Il n'est pas sûr par exemple que la marque LOOK, spécialisée dans le marché des pédales de vélo dont elle est le leader mondial du segment haut de gamme, ait intérêt à signer des vélos complets à son nom, comme si Intel lançait des ordinateurs. La concurrence par les prix s'accroît dans le marché des vélos, résultat de la concentration de la distribution spécialisée (telle DÉCATHLON ou GO SPORT), qui pénètre petit à petit tous les pays d'Europe.

La troisième raison stratégique justifiant une politique systématique d'extension est le maintien, voire l'accroissement, de la valeur de la marque dans un environnement en permanente évolution. Ainsi, pourquoi NIVÉA a-t-il totalement modifié sa politique de marque au niveau mondial, jusque-là très focalisée sur l'hygiène de base, autour de son produit phare, la petite boîte bleue ? Une première explication serait le changement d'hommes survenu à la tête de l'entreprise, la nouvelle équipe ayant une vision différente de ce qui est tabou ou non, de ce qui est souhaitable ou pas. Le management des marques est en effet toujours le fruit de décisions prises par des hommes et des femmes à la tête de l'entreprise. Lorsque le fondateur est encore aux commandes, l'histoire et les débuts de la marque sont omniprésents dans tous les esprits : cela limite les évolutions du produit lui-même, auquel la marque semble indissolublement attachée, en interne du moins.

L'explication principale tient à l'évolution de la femme dans le monde. La naissance de NIVEA en Allemagne correspondait à une époque, un comportement féminin où dominaient les notions de soin et où les préoccupations narcissiques de beauté et séduction étaient absentes (c'est l'inverse chez L'ORÉAL). Aujourd'hui, dans les grands pays matures, en Europe, aux États-Unis, le souci de beauté domine désormais. Il aurait été dangereux de laisser NIVEA s'enfermer dans une logique d'une autre époque, même si ce niveau de préoccupation se retrouve effectivement encore dans les pays émergents du tiers-monde. D'où l'extension du soin à l'hygiène (déodorants) et à la beauté (NIVEA BEAUTY) et à la cosmétique. En outre les marges sont bien supérieures dans le marché des rouges à lèvre et dans celui de la cosmétique.

L'extension est particulièrement nécessaire dans le cas des marques anciennes ou des marques locales vieillissantes pour les revitaliser. C'est par les produits nouveaux que la marque regagne sa pertinence de marché, son intérêt, son actualité. Reconnaissons cependant qu'en pratique, les freins à de telles extensions sont très forts en interne. Il ne manque pas de personnes dans les forces de ventes, ou au marketing ou dans la distribution pour décréter que la marque ne peut pas soutenir tel ou tel nouveau produit. Les consommateurs, quant à eux, sont bien plus ouverts.

L'exemple de KILDAMOES, la marque nationale danoise de vélos, est symptomatique de ce travers. Cette marque, leader du marché danois, s'est développée grâce à un recentrage sur les vélos urbains d'usage quotidien. Le Danemark est un pays plat, où tout est près de tout : le vélo y est un véhicule indispensable. L'arrivée subite de la vogue des VTT et mountain bikes colorés et high tech, portée par des marques jeunes, made in Asia mais aux consonances bien américaines cependant, secoua KILDAMOES. La première tentation fut de lancer une marque nouvelle sur ces marchés, pensant que KILDAMOES était bien trop typée adulte, danois, voire un peu féminine. Le faible résultat conduisit la direction à relancer ces produits hi-tech, pour les jeunes, sous son nom et dans ses points de vente habituels. Le succès fut immédiat.

On sous-estime trop la force des marques locales ou anciennes. Il suffit de peu de choses pour les revitaliser : du courage et de l'enthousiasme avant tout, sans complexe, puis une offre produit performante et excitante. Imaginons que KILDAMOES n'ait pas cherché à saisir la vague montante de ces nouveaux sports, cela aurait enfermé la marque dans une représentation durable de marque, d'une autre époque, déconnectée de son temps.

Dérives budgétaires

L'examen de dizaines de cas d'extensions révèle deux tentations systématiques, dès que l'on aborde le montant du budget alloué au lancement de l'extension, sur le plan publicitaire et promotionnel. Or toutes deux sont fatales.

La première, déjà examinée ci-dessus, consiste à croire que l'on peut créer un volume supplémentaire dans un marché concurrentiel sans investir. Les miracles sont rares en marketing. Les principes qui guident le succès des nouveaux produits ne cessent pas d'être valides dès lors qu'il s'agit d'une extension de marque. Il faut accéder au linéaire, à la notoriété, déclencher l'intérêt, mettre en avant le produit... Tout ceci suppose un investissement en rapport avec les ambitions. Reconnaissons que, bien souvent, la discussion budgétaire a lieu à la fin du processus de développement et que, priorités obligent, l'extension est parfois soutenue par un budget bien inférieur aux prévisions. *La deuxième erreur est de se découvrir sur le produit central.* Toute extension est une nouvelle proposition faite aux consommateurs. La publicité communique les raisons d'acheter ce nouveau produit au lieu des autres produits du marché, les nôtres inclus. Si l'extension est un succès, ces raisons se révélant attractives et vendeuses, les ventes de nos propres produits seront affectées. Or, l'extension n'est pas un jeu de vases communicants : il s'agit de faire grandir la marque en élargissant sa base de consommateurs, d'usages ou de produits.

L'exemple américain de la bière MILLER rappelle ces faits.

Les États-Unis sont un pays buveur de bière. Or, les dirigeants de MILLER, une des grandes bières du marché avec BUDWEISER, HEINEKEN ou CORONA, constatèrent que les consommateurs semblaient être à satiété après avoir bu deux canettes. Leur réponse fut de lancer la MILLER LITE avec une promesse en rapport avec le problème à résoudre : « great taste, less filling » (grand goût, moins lourde). Le succès fut immédiat. Hélas leur propre bière fut aussi déstabilisée par l'extension. Ils avaient oublié de renforcer les raisons pour lesquelles les consommateurs américains devaient continuer à boire l'excellente bière MILLER HIGH LIFE, leur best-seller.

Les extensions stratégiques sont des volontés de créer un changement dans le marché. Il faut donc l'anticiper pour s'en prémunir afin que l'effet soit essentiellement sur la concurrence.

La comparaison des stratégies budgétaires de PROCTER & GAMBLE d'une part, et d'UNILEVER d'autre part se révèle fort instructrice. PROCTER ne finance pas les marques nouvelles en prélevant sur les marques existantes. Lors du lancement de PANTÈNE, P&G ne réduisit pas la pression média sur HEAD & SHOULDERS. Avant de lancer l'extension liquide d'ARIEL, Procter fit une campagne appuyée sur le produit standard, en poudre. Au contraire, lors du lancement d'ORGANICS, LEVER ne soutint pas assez TIMOTEI.

Pour reprendre l'exemple de Boursin et de ses extensions, examiné ci-dessus, lors du lancement, la marque dépensa globalement 93 MF en média contre 58 MF pour Tartare et 35 MF pour Rondelé. En fait, Boursin alloua 22MF au « nature », l'extension de marque, 46 au Boursin en habit (une extension de ligne enrobée de poivre) et 25 au Boursin normal. Certes en cumulé Boursin dominait en part de voix. Mais ce calcul a ses limites. Fondamentalement, on avait financé les extensions en prélevant sur le produit standard qu'il convenait de défendre contre Tartare et Rondelé, et qui représentait encore l'essentiel du tonnage. Lorsque Lever lança l' extension d'Axe (le déodorant masculin) dans le marché du soin après rasage (Axe système), la part de voix du déodorant chuta de 50 %. C'était un pari risqué : si l'extension ne décollait pas, on aurait affaibli le produit central sans récolter pour autant les fruits de l'extension. C'est hélas ce qui se passa.

Choisir les territoires d'extension

Après les aides culinaires où la marque Moulinex doit-elle aller ? Dans quels autres marchés peut-elle se développer ? Faut-il, comme le fait Téfal, s'étendre au marché des alarmes et protections de la maison ? Ou bien faut-il récupérer le savoir-faire de la filiale brésilienne Mallory pour pénétrer le marché des ventilateurs, puis du traitement de l'air ? Comment choisir les territoires d'extension d'une marque, ses nouveaux marchés ?

Outre son taux de croissance et sa profitabilité, ce doit être un marché où tout ou partie des attributs associés à la marque sont valorisés. Ceci suppose connu le noyau de la marque, c'est-à-dire ses attributs identitaires, ceux dont l'absence signifierait qu'il s'agit d'une autre marque. Ces attributs peuvent être tangibles ou intangibles. Dans Nesquik il y a du chocolat à mélanger à du lait. Dove contient 25% de crème hydratante, Taillefine ne fait pas grossir, Danone est bon pour la santé, Carrefour est sérieux, Marks et Spencer signifie confiance et respect du consommateur. À partir de ces attributs on peut comprendre les marchés d'extension suivants :

- pour NESQUIK, les yaourts, crèmes dessert, bonbons, ceréales, etc. au lait et au chocolat ;
- pour DOVE, le marché des déodorants prêt désormais à valoriser la protection de la peau ;
- pour TAILLEFINE, des crèmes, des yaourts, mais aussi des biscuits coupe-faim, de snacking et une eau pour maigrir ;
- pour DANONE, l'eau minérale naturelle, le fromage frais ou fondu ;
- pour CARREFOUR, tout, dès lors que la dimension d'apparence sociale n'entre pas en jeu ;
- pour MARKS ET SPENCER, la banque et les services financiers.

Ainsi, le critère primordial est celui de la pertinence des attributs de la marque pour le marché cible en question. Ci-dessus, nous avons évoqué l'échec du lancement d'AXE SYSTÈME, une extension de la marque de déodorant AXE, leader de ce marché en Europe avec 17 % de part de marché. AXE SYSTÈME visait le marché des peaux sensibles, autour du rasage. Or, ce qui fait le succès d'AXE dans le marché des déodorants n'a guère de pertinence dans le marché d'extension. Le déodorant AXE est noir, contient de l'alcool, a un parfum fort : fondamentalement, son succès auprès des jeunes garçons de 16 ans tient plus à ce qu'il accroît leur confiance en eux-mêmes, et en leur capacité de séduire les filles. Or 1 % seulement des jeunes entre 18 et 25 ans déclare avoir des problèmes de peau sensible. Ce pourcentage est de 5 % chez ceux de 35 ans et plus. Mais alors, sur cette dernière cible, qu'apportent les attributs d'AXE déo ? Rien.

Présenté ainsi on peut se demander comment AXE SYSTÈME parvint à être lancé. C'est oublier qu'en pratique, on ne détecte pas tout de suite le sens profond de la marque. L'importance de la réassurance séductrice apportée par AXE aux jeunes hommes manquant de confiance en eux à cet âge ne fut pas comprise dès le début. On pensait simplement qu'AXE signifiait déodorant pour homme.

Ne l'oublions pas, en marketing, la compréhension progresse avec l'action. On ne peut pas attendre d'être sûr de tout avant de lancer un produit. De plus les études par questionnaire donnent souvent des résultats ambigus. C'est en agissant que l'on comprend les forces et limites de sa marque.

Ainsi, l'échec de Bic dans les parfums décontractés pour jeunes filles révéla la limite de la marque. Avant d'avoir essayé pouvait-on être sûr ? Après tout l'histoire des marques est pleine d'extensions déclarées hérétiques qui réussirent : la ligne Dim pour hommes, Basic Homme de Vichy, Gillette pour femmes...

L'exemple de Becel au Portugal est tout à fait remarquable en ce qu'il démontre qu'il faut du temps et de la persévérance pour identifier quels sont les marchés réellement idéaux pour une extension de la marque.

Becel est une marque de margarine qui, grâce à son taux élévé de gras polyinsaturé, l'absence de sel et de cholesterol, prévient les maladies cardio-vasculaires. Malgré ce positionnement très pointu, et son goût particulier (sans sel), Becel est la deuxième marque après Planta et la première marque en hypermarché. C'est une marque très profitable.

Lancée en 1970, la marque résista à toute velléité d'extension pendant 15 ans. Puis, avec systématisme, elle se lança dans tous les marchés où elle pensait que son positionnement apportait quelque chose par rapport à la concurrence : en 1985, on lança une huile Becel, en 1988, une mayonnaise Becel, en 1990, un fromage Becel, en 1992, une spécialité à tartiner Becel, en 1993, un substitut au lait Becel. Toutes ces extensions furent des échecs, leur part de marché ne dépassant pas 3%. Entre-temps cependant, la part de marché de la margarine Becel n'avait fort heureusement cessé de progresser.

On pourrait déduire de ces extensions malheureuses qu'on arrêta là toutes les autres en projet. Ce serait une erreur : il faut toujours penser aux relais de croissance et aux catégories plus profitables. En fait, les managers de Becel ont progressivement identifié les paramètres très spécifiques qui font qu'un marché valorise vraiment les attributs identitaires de leur marque. À l'expérience, il n'a pas suffi qu'il y ait du gras dans les produits d'une catégorie pour en faire une candidate à l'extension, malgré les apparences *a priori* favorables.

Le marketing est une discipline expérimentale. On ne peut tout savoir à l'avance.

Comment évaluer les extensions ?

Face à un projet d'extension, on doit s'interroger d'abord sur sa logique à long terme. Toute extension modifie la nature de la marque, son envergure, son statut. La première question à poser est celle de l'objectif ultime. L'extension est comparable à une marche d'escalier. Où mène-t-il ? Quel est le projet final ? Que veut-on *in fine* faire de la marque ? Dans cette perspective, le produit en question est-il une étape logique sur ce chemin ?

La deuxième question est : en quoi l'extension mérite-t-elle le nom de la marque ? Est-elle porteuse de ses attributs physiques ou immatériels ? Partiellement, complètement ? Contribuera-t-elle de ce fait à renforcer la réputation de la marque sur ces attributs ? Est-elle porteuse d'autres valeurs, supplémentaires, pour enrichir la marque de dimensions lui faisant défaut ? Ainsi l'entrée de la marque NESTLÉ elle-même dans l'ultra-frais contre DANONE et YOPLAIT lui apporta l'image de fraîcheur qui jusqu'à présent faisait défaut à cette marque spécialisée dans les produits secs (lait en poudre, lait concentré, chocolat...).

La pertinence interne est une chose, le caractère concurrentiel de l'offre en est une autre. Comme pour tout lancement de nouveau produit, il convient de se demander :

• le produit est-il objectivement supérieur à la concurrence ? Sinon, la force de l'image suffira-t-elle à le faire percevoir comme supérieur ou plus attractif ?

• les coûts et délais d'acquisition de compétences dans ce nouveau marché sont-ils élevés ? Résulteront-ils dans un trop grand écart de prix ? On ne saurait en effet sous-estimer ce facteur. En passant de la crème hydratante aux rouges à lèvres, Nivea devra apprendre un nouveau management. La marque a vécu jusqu'alors de produits créés pour durer plusieurs années. Dans le domaine des produits de beauté, il faut lancer quatre collections par an ! Changer de rayon, c'est aussi changer d'acheteur de la grande distribution, changer de vendeurs même. Saura-t-on le faire ? Voudra-t-on le faire ?

- la cible intéressée par notre bénéfice-consommateur est-elle assez grande dans ce marché ?

- n'entrons nous pas trop tard dans ce marché ? Comment vont réagir les concurrents : quelle sera notre capacité de résistance ? Comment la distribution perçoit-elle notre entrée ?

- l'extension respecte-t-elle les facteurs-clés de succès dans ce marché particulier. En effet chaque marché a ses règles. L'extension doit réaliser un exercice difficile : respecter l'identité d'une marque née ailleurs, dans un autre marché, donc façonnée en fonction des facteurs de succès propres à ce dernier. En même temps, il faut ne pas être hors jeu dans le nouveau marché. Comment lorsque l'on s'appelle Nivea faire une vraie publicité à la Nivea tout en faisant une vraie publicité de rouges à lèvres ou de déodorants ?

Ici encore, c'est dans l'action que cet équilibre se trouve, par touches successives.

9

Anticipez l'usure du temps

DANS LA PLUPART DES SOCIÉTÉS, les portefeuilles de marques comportent des marques récentes et d'autres plus anciennes, pour ne pas dire de vieilles marques. Si ces dernières n'excitent en général pas les directions de marketing et les jeunes managers, elles n'en représentent pas moins des tonnages souvent très importants et des profits en conséquence. Une marque comme RICORÉ est par exemple en France une des marques les plus rentables de NESTLÉ FRANCE. Pourtant, c'est une marque locale ancienne.

Certaines marques très anciennes semblent toujours actuelles et d'autres plus récentes semblent déjà dater : c'est le cas de COCA-COLA par exemple et de CHEVIGNON ou NAF-NAF. Comment expliquer les premières et les secondes. Toute la difficulté réside dans l'équilibre entre identité et changement. Là réside le paradoxe de la marque. Comment bâtir une marque, c'est-à-dire un repère précis, dans un environnement où tout bouge : la concurrence, les distributeurs, les consommateurs ?

Le paradoxe de la marque

Qu'est-ce qu'une marque, fondamentalement, si ce n'est le repère d'une ou de plusieurs qualités et valeurs ?

Pour acquérir ce statut de repère, de contrat, il faut une constance dans le temps : *savoir rester intangible sur la proposition de base faite par la marque.* Lorsque l'on parle de la marque comme une valeur immatérielle, intangible, il faut donc prendre le terme intangible dans ses deux sens pour comprendre la logique de marque : intangible par rapport à matériel, mais aussi intangible par rapport à changeant. Le vocabulaire se révèle avisé car il rappelle que ce qu'il faut le plus préserver, garder intact dans le temps, c'est bien l'intangible, l'immatériel de la marque. Une marque qui ne ferait pas évoluer sa facette tangible, matérielle, ses produits, serait vite obsolète. L'extension de marque nous démontre aussi qu'une marque née dans un marché peut en dominer d'autres : né d'un stylo à bille, BIC signifie désormais aussi rasoir jetable ou briquet dans le monde entier. Les produits de Bic sont multiples, mais le contrat de BIC lui reste intact : BIC signe des produits quotidiens, simplifiant la vie, décontractés, de qualité bien que peu chers. Ainsi, on ne devient marque repère qu'en restant ferme dans le temps sur ses principes et valeurs, tout en renouvelant les produits pour les adapter aux attentes toujours croissantes de qualité et de service de leurs consommateurs. De plus, de nouveaux entrants plus efficients fixent de nouveaux standards sur ce que qualité veut dire.

L'identité de marque ne se crée donc que par la constance du contrat. Or, en même temps, le marché ne cesse d'évoluer : tout change en permanence.

Par exemple, de nouveaux styles de vie émergent, guère pris au sérieux, d'abord, par les acteurs principaux du marché avant de se rendre compte qu'ils ont laissé passer le coche. ROSSIGNOL et SALOMON, symboles de l'olympisme et de la competition, n'ont pas perçu au début des années 90 que les tribus de jeunes snowboarders, accoutrés bizarrement, préfiguraient une révolution dans tout le monde de la glisse. Ces jeunes, adeptes de sensation, de « fun », et de « cool », refu-

184

sent la compétition, et sont donc en opposition avec les valeurs traditionnelles portées depuis 50 ans par ces marques auxquelles ils préfèrent BURTON ou OXBOW ou QUICKSILVER, comètes arrivées d'un autre monde. Aujourd'hui, chez ROSSIGNOL et SALOMON, on n'est même plus sûr qu'il restera beaucoup de skieurs traditionnels dans vingt ans. On l'aura compris, la mutation dont il est question, pour ces deux marques mondiales jugées jusqu'alors indétrônables, concerne bien plus que leurs produits : elles savent fabriquer des snowboards. En fait, il s'agit de changer leur système de valeur complet si elles veulent rester pertinentes..

De nouveaux circuits de distribution ou d'accès aux consommateurs bousculent les traditionnelles chaînes de valeurs[1] et font surgir de nulle part des leaders inconnus : DELL, AMAZON, YAHOO ! porteurs eux-mêmes d'une autre culture. Si, aujourd'hui, la consommatrice de n'importe quelle petite ville de province peut désormais trouver des produits cosmétiques de NIVEA, GEMEY, MAYBELLINE ou POND'S dans son hypermarché, à quoi sert alors YVES ROCHER et son marketing direct ?

La technique déstabilise aussi, même les marques alimentaires mondiales. NESCAFÉ s'est toujours conçu comme une alternative au vrai café, lorsque l'on ne veut pas prendre le temps de le préparer ou lorsque l'on ne sait pas le faire. Aujourd'hui, les dernières cafetières MOULINEX ou KRUPS sont un jeu d'enfant et donnent le meilleur des cafés. Que reste-t-il alors à NESCAFÉ comme justification, pertinence, c'est-à-dire valeur ajoutée ? Manifestement, se positionner comme alternative au café a atteint ses limites. NESCAFÉ doit devenir une méga-marque autonome, désirée pour elle-même, comme COCA.

Changer pour durer

Pour durer, il faut savoir changer. Tel est le paradoxe de la marque. Il en est des marques comme des acteurs ou des chanteurs : certains ne cessent de se répéter, satisfaisant de ce fait un public fanatique du genre mais restreint. D'autres savent surprendre en changeant de registre, de thèmes, ce

---

1. Adrian SLYWOTZKY et David MORRISON, *La Zone de Profit*, Village mondial, Paris, 1999.

qui les rend plus complexes, les ouvre sur des clientèles différentes , élargies et leur permet de traverser le temps.

Les marques qui dureront sont celles qui sauront multiplier les entrées dans leur territoire.

On entre dans le monde CALVIN KLEIN via OBSESSION, le torride, CK ONE, l'androgyne, ETERNITY, l'amour idéalisé... Si CALVIN KLEIN ne faisait que décliner dans le temps le thème de la sexualité torride, il n'aurait pas la même envergure de marque. En réalité, CALVIN KLEIN est la marque de l'expression forte des émotions. Mais il n'y a pas qu'une émotion. Chaque parfum permet un renouvellement, et surprend le marché qui avait cru avoir étiqueté une fois pour toutes cette marque comme sulfureuse.

Les extensions de gamme permettent ce mélange nécessaire entre le renouvellement et la constance. À condition de donner une certaine personnalité à ces extensions. Les extensions de la VACHE QUI RIT ne sont pas seulement des variantes de goût ou de texture : la VACHE QUI RIT au chèvre ajoute une touche d'impertinence, comme ORANGINA ROUGE ajoute de la transgression à cette marque si bien vue des parents (et par contrecoup moins bien des adolescents).

Il y a donc une nécessité de décider en permanence ce qui est inflexible dans la marque et ce qui peut changer : en d'autres termes, qu'est-ce qui fait partie du noyau dur et quels sont les traits plus périphériques ? Si l'on met trop d'éléments dans la partie inflexible, on limite l'évolution de la marque. Même la partie immatérielle doit évoluer : l'intangible ne peut lui-même rester inflexible. Ceci conduit souvent à des révisions déchirantes, très émotionnelles et souvent mal vécues : par exemple, la notion de luxe ne fait plus partie du noyau central de la marque MERCEDES. Elle est attachée à certains de ses produits (la classe S) mais plus à d'autres (la classe A).

Connaître le noyau central de la marque

Comment savoir ce qui peut ou doit changer dans la marque sans que celle-ci ne perde son âme ? L'expression « retour vers le futur » résume bien une des réponses. Comprendre les raisons du succès initial d'une marque, pourquoi elle a été élue marque, permet de se remémorer l'équation de départ. Il ne s'agit pas de singer le passé en ressortant par exemple la new Beetle, ou la nouvelle 4L de RENAULT. Il faut retrouver le contrat de marque dans sa plus simple expression : pour MERCÉDÈS, faire avancer l'automobile, pour AXE, la séduction. Dans une deuxième étape s'interroger sur la façon actuelle de respecter ce contrat : aujourd'hui, la séduction machiste du lancement d'AXE n'a plus cours. La séduction moderne s'exprime de façon plus ambiguë dans l'androgynie, le bisexualisme...

Les consommateurs fournissent aussi un éclairage sur ce qui fait l'intangible de la marque, son noyau central. Néanmoins, il ne faut jamais oublier que les consommateurs n'ont pas une vision à long terme de l'intérêt de la marque. Leur point de vue est utile à la décision, il ne peut se substituer à la décision.

Si les études qualitatives permettent d'approcher le noyau central d'une marque, la théorie des représentations sociales fournit les bases d'une quantification indispensable, tant les enjeux stratégiques sont importants. On ne saurait décider sans faits.

Pour connaître le noyau de la marque, les études d'image ne suffisent pas. Celles-ci mesurent les traits spontanément associés ou attribués à une marque. Mais rien ne dit que ces traits sont indissociables de la définition de la marque, et que, en conséquence, s'ils n'étaient pas là, il s'agirait d'une autre marque, d'un homonyme.

Le père de la conception du noyau central n'est pas un homme de marketing mais Salomon Asch, un psychologue universitaire américain travaillant en 1948 sur la formation des impressions. Il constata que, dans la description d'une personne, certains adjectifs (comme froid/chaud) semblaient exercer une influence déterminante sur la perception globale de cette personne. Ces adjectifs ou traits engendraient la représentation et les autres traits utilisés par les sujets pour décrire cette personne. Ils avaient donc une fonction quasi génétique et structurante.

La méthodologie d'identification des traits du noyau de l'identité peut être étendue aux marques. L'essentiel est de mesurer non l'association d'une caractéristique à la marque mais si son absence modifie profondément la marque, au point qu'il ne peut plus s'agir d'elle. Une nouvelle question dans les questionnaires d'image permet de saisir le noyau central perçu par les consommateurs.

Fidélisez : les limites de la pensée unique

Le plus grand défi des marques est de continuer à acquérir de nouveaux consommateurs. À une période où la pensée unique semble sévir en marketing, on ne parle plus que de fidélisation, de retenir les clients, de life-long-customer-value, de marketing de la relation. Certes, l'accent sur la fidélisation des meilleurs clients est nécessaire. Les données sur la rentabilité croissant avec le temps des clients fidélisés doivent être intégrées et appliquées par toutes les entreprises. D'où l'emphase bien légitime sur la satisfaction des clients, la reconnaissance des meilleurs clients, la constitution accélérée de bases de données clients, la création de programmes relationnels avec eux, l'introduction de primes ou de programmes de fidélité, les « hot lines » d'assistance à la clientèle, etc. On ne compte plus les outils de l'après marketing !

Dans cette perspective, la recherche de nouveaux clients, en général petits au début, et souvent venant de la concurrence, semble relever du marketing d'hier. Chacun connaît la comparaison des coûts d'acquisition d'un nouveau client par rapport à un client existant.

L'accent sur la fidélisation ne doit pas faire oublier que le taux de pénétration et le taux de fidélité sont liés. C'est d'ailleurs un des atouts spécifiques des grandes marques : elles cumulent à la fois une plus forte pénétration du marché et une plus forte fidélité. Le chercheur britannique A. Ehrenberg a démontré depuis 1972[2] que le taux de fidélité d'une marque, comme d'ailleurs les quantités moyennes consommées par client, était corrélé à son taux de pénétration.

---

2. Andrew Ehrenberg, *Repeat Buying*, (2nd ed.), London, Edward Arnold, 1972.

Pénétration et fidélisation sont liés
(Source : A. Ehrenberg, 1972)

Marque	Taux de pénétration	Taux d'exclusifs	Volume par acheteur
Maxwell	24 %	20 %	3.6
Sanka	21%	20 %	3.3
Tasters Choice	22 %	24 %	2.8
High Point	22 %	18 %	2.6
Folgers	18 %	13 %	2.7
Nescafé	13 %	15 %	2.9
Brim	9 %	17 %	2.0
Maxim	6 %	11 %	2.6

Par conséquent, il est difficile d'accroître à long terme la fidélité sans la pénétration. L'avenir d'une marque consiste donc à satisfaire ses clients actuels pour accroître les volumes consommés par chacun d'eux, et leur taux de nourriture, mais aussi en permanence à séduire de nouveaux clients, pour accroître son taux de pénétration.

Le problème est que, chez les nouveaux clients, la marque en question souvent ne représente rien, au pire représente le passé. Le terrain est donc soit indifférent soit hostile. Il est en tout cas toujours à reconquérir. C'est particulièrement le cas des nouvelles générations.

Le fossé générationnel

Peu de variables sont aussi segmentantes que l'âge. Chaque tranche d'âge a une unité façonnée par le fait qu'elle a vécu les mêmes événements historiques. Elle est liée par les mêmes problèmes d'existence, de travail, d'amour. Ainsi, on a parlé des générations avant et après Sida. Enfin elle a vibré aux mêmes joies, musiques, films, idoles et marques-cultes. La conséquence est que les marques visant une même tranche d'âge doivent en permanence redécouvrir de nouvelles personnes et faire preuve de leur pertinence à leur égard. Le problème, comme nous venons de le souligner, est que souvent la marque ne représente rien pour eux.

Prenons le cas de DAMART dont le savoir-faire est la connaissance du monde des seniors. Fait unique dans l'histoire de l'humanité, on va bientôt trouver deux générations en même temps à la retraite. Il ne sera pas rare pour une femme de 58 ans, en pré-retraite, d'aller faire des courses avec ou pour sa mère. Acceptera-t-elle de porter les mêmes vêtements, les mêmes marques que sa mère plus âgée ? Pourra-t-on séduire les deux générations ? De plus, les femmes et hommes de 60 ans n'auront de cesse de gommer les signes extérieurs de leur âge : ils veulent certes les produits adaptés à leur morphologie, à leur sensibilité, mais sous des marques normalisantes, celles qui ont travaillé leur image auprès d'eux alors qu'ils avaient encore 40 ou 50 ans. Le paradoxe donc des marques seniors, si elles veulent durer, est qu'elles doivent l'être au niveau des produits mais pas de la symbolique, ou du reflet des consommateurs. Ceci explique le succès des lignes spécialisées des grands de la vente par correspondance tels que LA REDOUTE ou LES TROIS SUISSES dont le revirement de collection, plus mode, plus jeune, lave de tout soupçon seniorisant.

NAF-NAF et son fameux petit cochon est typiquement une marque « fun » des années 80, à l'instar de KOOKAÏ ou de CHEVIGNON. Elle vise les 18-25 ans. Mais ceux de 1989 ne sont pas ceux de 1999. Ces derniers ont été marqués par le rap, NTM, le film « La Haine », OBSESSION de CALVIN KLEIN, GAP, ZARA... Dans ce contexte le porteur des traits de la marque (le petit cochon) signe une époque révolue. Associer indéfiniment la marque dans cette effigie animale, c'est la figer et signer sa temporalité.

Dans la société post-moderne, la transmission des us et coutumes se fait de plus en plus par ses pairs et non par sa famille. C'est une source de désimplication, de distance par rapport à certaines marques. Ainsi, avant, les mères apprenaient la cuisine à leurs filles. Cela se faisait autour du robot-ménager MOULINEX ou de la cocotte SEB. Ces marques en héritaient une proximité émotionnelle, une familiarité qui les rendait inexpugnables. Ces pratiques ont largement disparu, ce qui affaiblit la relation de MOULINEX et SEB à leur marché, même domestique.

La conséquence est que, désormais, c'est aux marques elles-mêmes d'assurer l'apprentissage trans-générationnel. Mais il est délicat d'avoir été consommé par ses aînés : chaque génération se crée ses propres marques, ses propres repères. Par exemple, le succès remarquable de TÉLÉRAMA tient à ce que ce magazine a su capter la sensibilité soixante-huitarde des baby-boomers français avec un système de valeurs désormais décalé par rapport à la société actuelle. Ses lecteurs n'ont jamais été aussi fidèles à ce journal dont le nom dit télévision, mais dont on parle essentiellement d'autre chose : art, culture, société, cinéma, photographie, opéra, musiques... Mais quel est l'avenir de TÉLÉRAMA ? Les jeunes d'aujourd'hui qui vibrent plus à VIRGIN qu'à la FNAC liront-ils TÉLÉRAMA demain ? Doit-on faire une extension TÉLÉRAMA pour jeunes ? Cette question plus généralement rappelle la nécessité d'un marketing dual.

Pour un marketing dual

Trop souvent dans l'entreprise est posée la question suivante : doit-on augmenter notre implication auprès des clients actuels ou investir sur des cibles nouvelles, des générations nouvelles ? Aujourd'hui cette question n'a plus de sens. Le client actuel est l'indispensable source de profit immédiat. Il faut certes le fidéliser mais en même temps travailler sur les futurs clients potentiels. L'heure n'est plus au « ou » mais au « et » pour paraphraser Collins et Porras dans leur livre « Built to Last »[3].

Or bien des forces s'opposent à ce marketing dual[4]. Il est fréquent qu'à l'intérieur de l'entreprise les moindres difficultés rencontrées sur les cibles de renouvellement de clientèle soient attribuées à la marque elle-même, à son illégitimité décrétée irrémédiable face à ces nouveaux segments. Ce diagnostic tient souvent plus du bouc émissaire que de l'analyse réelle. N'est-ce pas plutôt un problème de produit inadapté

---

3. James Collins et Jerry Porras, *Built to Last*, Harper Business, New York, 1994.
4. Derek ABELL, *Managing with Dual Strategies*, Free Press, New York, 1993.

aux attentes nouvelles et dérangeantes de ces nouveaux prospects ? À force de vénérer le produit présent, on ne se prépare pas pour l'avenir. YOPLAIT démontre sa modernité en lançant ZAP en France et aux États-Unis auprès des générations qui ne veulent plus utiliser de cuillère. SMIRNOFF, le premier, a compris que les nouveaux buveurs de vodka ne voulaient plus boire leur vodka dans un verre : d'où la création de SMIRNOFF MULE, un pre-mix original qui se boit à la bouteille, comme la bière désormais, aux abords des pubs.

Le marketing dual rencontre une autre forme de résistance en interne : l'excès de marque ! Pour séduire les jeunes, jusqu'alors attirés exclusivement par les nouvelles VESPA TYPHOON ou BOOSTER, il fallut d'abord convaincre la direction des motocycles PEUGEOT de ne pas mettre en gros la marque, mais de l'accent sur HI-POWER, la marque fille, PEUGEOT étant écrit en plus petit. Grâce à un environnement graphique du type « tag », à un bon produit, un réseau bien implanté, on en vendit contre toute attente 25 000 en 18 mois. On avait su rendre le produit excitant plutôt que conventionnel.

Les forces de vente contribuent parfois à l'inertie. Il est vrai que la prospection des nouvelles générations dans leurs lieux de prédilection expose à un accueil froid pour ne pas dire hostile. Cela tranche avec le bon climat relationnel ou l'impression de bien se connaître ressentie dans les canaux traditionnels avec les détaillants habituels. Il a fallu de l'énergie et du courage pour la force de vente de RICARD lorsqu'il lui fut demandé de prendre contact avec les bureaux des élèves des écoles de commerce ou des universités, les clubs discos, les bars à thèmes, tous acquis aux alcools anglo-saxons ou aux bières tex-mex. Dix ans après, les faits sont là. Loin d'être perçue comme une marque d'une autre génération, exotique, provençale, RICARD est pris au sérieux dans tous les lieux faiseurs de mode, et par les DJ. Car la marque a su animer ces réseaux avec ses valeurs propres et engager des alliances, par exemple avec NRJ autour du RICARD LIVE MUSIC, une série de concerts rock gratuits qui, de 1988 à 1998, ont réuni 3 900 000 jeunes. Entre-temps, elle avait recruté, formé, motivé et donné des moyens à une nouvelle force de vente, bien plus jeune, à même de rapprocher la marque de cette cible, au sens propre comme au figuré.

Il est fréquent de voir mentionner le risque de heurter les clients actuels de la marque, choqués par un ton très différent utilisé pour séduire les plus jeunes. Ce risque est largement surestimé. Dans le cas de RICARD, les circuits de distribution, les lieux de consommation sont étanches : les 18-25 ans ne fréquentent pas les mêmes fêtes ou lieux que les plus âgés. C'est pourquoi, si l'on voulait rajeunir l'audience de TÉLÉRAMA, il faudrait utiliser le canal de distribution de la jeunesse c'est-à-dire créer un TÉLÉRAMA numérique sur internet, avec un contenu ciblé, des extraits des disques évalués, ou des films analysés. Il y a peu de risques de voir la clientèle habituelle qui sirote son TÉLÉRAMA passer devant son Imac pour vibrer avec TÉLÉRAMA. Plusieurs magazines ont déjà montré l'exemple.

Le WALL STREET JOURNAL a ressenti fortement le besoin d'attirer la clientèle des jeunes qui ne lisent plus forcément un quotidien économique par jour mais s'intéressent à l'économie et au business. Il lança une version numérique du journal sur le web avec succès par rapport a ses objectifs : 65 % des abonnés à la version numérique n'étaient pas des abonnés à la version papier. Face au même problème de renouvellement de clientèle, le READER'S DIGEST décida de cibler les jeunes familles[5] en proposant sur le web des numéros spéciaux thématiques comme « Comment protéger ses enfants de la drogue » et en organisant des forums de discussion autour de ces thèmes. Cette marque ancienne sut tirer parti de l'internet pour susciter une communauté autour de sujets impliquants et de son nom.

Une démarche permanente

La démarche de RICARD est intéressante en ce qu'elle fut proactive. Prévoyant un risque de voir l'âge moyen de ses consommateurs s'élever, la marque prend l'initiative de bâtir de nouvelles fondations chez de nouveaux consommateurs. La plupart des marques réagissent bien tard, lorsque l'analyse fine des données révèle que l'on ne recrute plus de nouveaux

5. Patricia SEYBOLD, *Customers.com*, Times Business, 1998.

clients, mais que l'on vend de plus en plus aux mêmes. Dans ce dernier cas, la révision doit être encore plus déchirante.

Ainsi, MERCEDES constata que sa clientèle vieillissait. Même les possesseurs du petit modèle, la Classe C, avaient plus de 50 ans en moyenne. Pour profondément modifier la tendance et prendre pied chez les 35-40 ans, MERCEDES a abandonné un trait d'image jusqu'alors indissociable de la marque : le luxe. La marque a cherché à se doter de nouveaux attributs qui lui faisaient défaut auprès des automobilistes moins âgés : l'empathie, l'hédonisme et la solidarité. Cela s'est traduit par le lancement d'une offre très diversifiée, loin du monolithique tri-corps automobile, symbole de la voiture de la nomenklatura diplomatique. On a ainsi découvert un petit roadster, un 4x4, un mono-space (la fameuse Classe A), autant de signes que la marque écoutait désormais le marché et ses nouvelles façons de vivre.

D'autres marques se déclinent pour s'adapter à la segmentation par âge : ARMANI crée EMPORIO ARMANI, BOSS lance HUGO.

Créer de nouveaux prototypes

L'exemple MERCEDES enseigne que, pour se rajeunir, la marque doit créer de nouveaux prototypes. Le concept de « prototype » ne renvoie pas à la notion technicienne d'un avant-modèle. Elle repose sur une des avancées récentes de la psychologie cognitive sur la compréhension des concepts flous. Reconnaissons que les marques modernes deviennent des ensembles flous, elles aussi. On ne sait plus où s'arrêtent leurs frontières : DANONE était yaourt, il est aussi marque de biscuits à l'étranger et lance une eau minérale DANONE, comme NESTLÉ d'ailleurs.

Au cœur de la représentation qu'on se fait de ces ensembles flous appelés les marques, il y a le « prototype », c'est-à-dire le produit qui résume, porte cette représentation. Quand on les interroge sur ce qu'est par exemple « un jeu », les personnes ont du mal à en donner une définition courte et complète. En revanche, elles citent facilement ce qui pour elles est un jeu typique. C'est le prototype. De la même façon, les consommateurs ont du mal à définir ce qu'est « DANONE », mais ils peuvent en tout cas en donner un exemple typique, variable d'ailleurs selon les individus. C'est le prototype qui porte en fait l'image de la marque, comme le montre la comparaison de son image avec celle de la marque en général (voir page 117).

En conséquence, pour changer l'image d'une marque, il faut lui créer un nouveau prototype. Compte tenu de la difficulté de remplacer une représentation par une autre chez un même client, ce nouveau prototype s'inscrira plus facilement dans la mémoire des cibles nouvelles. Chez MERCEDES, la Classe A a pour vocation de devenir le nouveau prototype de la marque, celui qui portera ses traits nouveaux auprès des cibles de renouvellement. Comme on le voit, l'innovation du produit est la condition nécessaire du rajeunissement de la marque.

Fond de marque et front de marque

La gestion moderne de la marque impose donc de ne pas s'enfermer dans une conception monolithique du fond de marque, de son « essence » et de ses traits dits intangibles. S'il est nécessaire d'établir une forte cohérence dans le temps grâce aux chartes d'identité de marque, il n'en demeure pas moins que la marque doit surprendre pour rester excitante. C'est la fonction de ces « fronts de marque », ces têtes de pont inattendues visant à éviter une vision trop figée de ce qu'est la marque et de ce qu'elle n'est pas.

MICHELIN pourrait par exemple lancer une ligne de pneus en couleur : il faut en effet refuser l'enfermement dans une pensée qui voudrait que le sérieux des produits et de la marque ne puisse pas s'accomoder d'une certaine joie de vivre. Le danger de cet outil de gestion qu'est le fonds de marque est qu'il ne se soucie que du noyau central de la marque. Or la marque évolue par ses frontières, sa périphérie. De même, certains produits d'abord a-typiques deviennent à terme de nouveaux prototypes de la marque, démontrant sa pertinence. Sans une incursion dans la séduction à travers les lignes de rouge à lèvres, la marque NIVEA aurait-elle maintenu sa pertinence, son attrait vis-à-vis de la nouvelle femme européenne, même si l'essentiel de son offre reste focalisée sur le soin.

Audace de la communication

On ne saurait rajeunir la marque sans toucher à ses signes, à son expression publicitaire. En particulier lorsque l'on veut envoyer des signaux nets au marché. La difficulté du marketing dual est exacerbée lorsqu'il s'agit de la publicité. On craint trop que la séduction des nouvelles clientèles n'hérisse les clients qui constituent le fonds de commerce. L'expérience montre qu'il y a plus de réticences dans l'entreprise qu'au sein des clients eux-mêmes. N'oublions pas que la marque doit gérer le reflet de sa clientèle. Le reflet est l'idée que l'on se fait des clients de la marque. Par exemple, on a l'idée que le buveur type de Coca-Cola est un jeune. Ce n'est qu'un reflet : en effet Coca-Cola est bu par toutes les tranches de la société. Il est même le soft drink le plus vendu chez les seniors, une catégorie dont le poids démographique ira croissant.

Le rôle de la publicité est de toujours valoriser la clientèle : la marque est une source de valeur ajoutée. C'est pourquoi, lorsque l'on pré-teste auprès des clients actuels d'une marque des campagnes qui ne leur sont pas destinées, ceux-ci se révèlent plus ouverts qu'on ne l'imagine. Le fait que leur marque devienne trans-générationnelle prouve sa pertinence, sa capacité à ne pas inscrire son porteur dans un temps passé. Elle le valorise à ses propres yeux si ce n'est aux yeux des autres.

Repositionnements : libérez les contraintes du passé

Dans la vie de la marque, avec le déclin des ventes vient la nécessité du repositionnement. Ainsi Yoplait lança un fromage blanc onctueux et gourmand en 1988 sous le nom Ofilus double douceur de Yoplait. Les ventes grimpèrent jusqu'à 10 000 tonnes en 1990 avant de redécliner lentement.

On tenta d'abord un lifting du packaging en 1992 avant d'abandonner toute référence au bifidus en 1994, en vain. En 1998 les ventes n'étaient plus que de 5 400 tonnes. L'ensemble fut repositionné comme : « PERLE DE LAIT » de YOPLAIT (mon geste de beauté gourmande) et permit de relancer les ventes dès 1999 avec 7 200 tonnes. Ce cas est intéressant par la méthodologie suivie : à aucun moment dans la recherche de nouveaux positionnements possibles, il ne fut donné comme contrainte le fait de ne pas s'éloigner du positionnement antérieur ou des racines de la marque. Libéré de toute contrainte, le groupe pluri-disciplinaire de travail élabora des pistes riches qui furent présentées à des groupes de consommateurs dans un processus interactif.

Reconnaissons qu'en général, dans les tentatives de repositionnement pour rétablir des ventes en forte baisse, on essaie au maximum de conserver les fondamentaux de la marque, ses actifs. Le résultat est que les propositions manquent d'audace. De plus, fondamentalement, si la marque va mal, c'est que ses soi-disant actifs de marque n'en sont pas. Il vaut mieux libérer les énergies et la créativité dans la phase de recherche, quitte à ce que les consommateurs eux-mêmes décident ou non d'amender les propositions pour les ramener vers l'identité antérieure. Ce qu'en l'occurrence ici, ils ne firent pas.

Conclusion

AUJOURD'HUI, TOUT LE MONDE VEUT AVOIR SA MARQUE.
Certes, les distributeurs veulent réduire le pouvoir et la part de rayon des marques nationales et
internationales, mais c'est pour imposer leur
propre marque. Il en va de même des fabricants
de composants au sein de produits finis : ils veulent avoir droit à la visibilité de leur marque sur
ces mêmes produits finis. À l'heure où insécurité
oblige, les entreprises veulent signifier la qualité
de leur prestation en communiquant sur l'adhésion à une norme (ISO ou autre) ; on voit fleurir
d'autres marques encore : celle du label de qualité et celle de l'organisme certificateur, garant, tel
Bureau Veritas. Jamais autant de marques n'ont
voulu participer à la création de la valeur perçue.
Il est vrai qu'en retour, chacun cherche à s'ap-
proprier la majeure partie de la valeur ajoutée.

À une époque où les grandes références statutaires s'effondrent, et où les divisions traditionnelles s'estompent, les marques fournissent la base de nouvelles allégeances, volontairement choisies. La puissance des marques tient bien dans ce lien que chacune parvient à tisser entre ses clients et elle-même. Les Anglo-Saxons ont un maître mot pour cela : celui de « *bonding* ». Ce lien, fait de sentiment d'exclusivité, d'insubstituabilité, tant pour les bénéfices tangibles que par les valeurs intangibles, crée une communauté de personnes que l'on doit plus qualifier d'adeptes que de clients. Plus que de fidélité, il faut ici parler alors d'engagement réciproque. L'idéal de chaque marque est de créer ce lien indéfectible et unique.

L'identité de marque est au cœur de ce lien : le système de valeurs que la marque se donne, fruit de son héritage, de son passé, de ses gènes, mais aussi de la volonté qu'elle se donne pour se projeter dans le futur. Qui dit identité dit : être soi, être unique, être vrai.

Trop souvent dans les entreprises, ce travail fondamental sur l'identité de marque n'est pas compris ou pas mené à terme. Il faut d'abord se connaître, et savoir qui l'on veut être, pour pouvoir s'y tenir dans le temps et ainsi faire de la marque ce repère unique de valeurs qui fonde la fonction de toute marque. Or, cela est nécessaire pour pouvoir s'adapter à une réalité en changement perpétuel.

Quand on ne connaît pas les valeurs de sa marque, on pratique alors, souvent sans le savoir, un management par suivisme. Ne sachant qui elle est vraiment, la marque n'a alors d'autre échappatoire que celle de se conformer à l'illusoire sécurité, de se conformer aux tendances et modes du moment. Il est vrai que bien des outils du manager de marque sont des agents de conformité et de suivisme : les managers lisent les mêmes revues, les mêmes magazines profession-nels. Ils achètent les mêmes études de marché, les mêmes études d'image ou de style de vie. Autant de facteurs de suivisme et de ressemblance. Les études ne font trop souvent que ramener la marque plus près d'un idéal commun, c'est-à-dire en fait au centre des attentes du marché. Comme toutes les autres marques nourries aux mêmes sources. Mais l'essence de la stratégie, c'est la différence. La marque trouve sa vérité en elle-même.

Au conformisme, au suivisme, on doit donc inlas-sablement opposer la logique de marque : l'affir-mation volontaire de ses propres valeurs, incarnées par des produits et services, dans les marchés et segments en croissance.

Index
des marques citées

Index
des
noms

A

B

C

Interactif, 43
Internet, 30, 56, 87, 93,
  103, 152-153

L

Labels, 29, 63
Leader d'opinion, 30-31,
  123
Luxe, 110, 136

M

Marketing direct, 92, 149
Marketing relationnel,
  147-157
Marque
  - de fabricant, 40-41
  - de service, 96-97
  - définition, 24
  - d'ingrédients, 62
  - distributeur, 37, 40-42,
  54-58, 89
  - enseigne, 25, 40-42
  - entreprise, 16
  - globale, 28, 67-78
  - leader, 45-46
  - locale, 28, 67-78
  - ombrelle, 16, 25, 54,
  168
  - produit, 17, 168
  - programme, 21
  - maison, 24
  - marque-fille, 108, 158
  - mère, 23, 109, 158
  - personnalité, 46

- source, 24
- verticales, 94
Maturité (des marchés),
  162
Médicament, 38, 56
Méga store, 93-94
Méga-marque, 117, 134,
  158-159
Micro-marketing, 83
Mission, 44, 46
Mondialisation, 31-33,
  133

N

Notoriété, 96, 128
Noyau de la marque, 46,
  53, 177, 186

O

One to one, 27, 101, 149-
  151

P

Personnalité, 46, 56
Pharmaceutique (secteur),
  38, 56
PME, 55
Portail, 56, 99
Portefeuille de marques,
  25, 76, 157-166
Post-modernité, 39-41,
  189
Prescripteurs, 30-31
Produit, 49-58

Composé par COMPO-MÉCA Sarl
Achevé d'imprimeur : Jouve Paris
N° d'éditeur : 2524
N° d'imprimeur :
Dépôt légal : Avril 2002
Imprimé en France

www.ingramcontent.com/pod-product-compliance
Lightning Source LLC
Chambersburg PA
CBHW061214220326
41599CB00025B/4633